Henri Claude TÉLUSMA

La jeunesse chrétienne, entre mondanité et postmodernité:

Henri Claude TÉLUSMA

La jeunesse chrétienne, entre mondanité et postmodernité:

jalons pour une pastorale des jeunes

Éditions Croix du Salut

Imprint

Any brand names and product names mentioned in this book are subject to trademark, brand or patent protection and are trademarks or registered trademarks of their respective holders. The use of brand names, product names, common names, trade names, product descriptions etc. even without a particular marking in this work is in no way to be construed to mean that such names may be regarded as unrestricted in respect of trademark and brand protection legislation and could thus be used by anyone.

Cover image: www.ingimage.com

Publisher:
Éditions Croix du Salut
is a trademark of
Dodo Books Indian Ocean Ltd. and OmniScriptum S.R.L publishing group

120 High Road, East Finchley, London, N2 9ED, United Kingdom
Str. Armeneasca 28/1, office 1, Chisinau MD-2012, Republic of Moldova, Europe
Printed at: see last page
ISBN: 978-620-6-17009-9

Jeunesse chrétienne, entre mondanité et modernité

Jalons pour une pastorale des jeunes

Table des matières

Préface

Chers lecteurs,

Je vous encourage à lire ce nouveau livre de Dr. Henri Claude Telusma. Il est père de famille, pasteur de formation et pasteur ordonné de la Convention Baptiste d'Haïti, professeur dans plusieurs d'universités (France et Haïti), conférencier et animateur des émissions à la radio, il l'a écrit avec le bien-être de nos enfants, vos enfants dans sa tête et dans son esprit.

En effet en septembre 2004 le décanat de la faculté de théologie de l'UCNH m'a demandé de travailler avec le jeune Henri Claude qui venait de terminer sa licence en Théologie. Il vient remplacer Charles Rigard qui venait de me quitter pour ses études postuniversitaires au Séminaire Baptiste dans l'État de Kansas aux États Unis d'Amérique. Mes larmes étaient encore fraiches pour dire que je pouvais facilement avoir un autre jeune à former.

Je ne savais pas comment mon second professeur assistant devait se comporter. Quelques années à mes côtés, mon jeune « Timothée », le jeune Henri Claude Télusma s'envole pour la France où il nous revient avec un PhD dument mérité.

C'était pour moi une joie et une fierté légitime de le voir partir et revenir. Son retour à l'Université Chrétienne du Nord d'Haïti, UCNH, son Alma mater, va sérieusement bouleverser la chair de la pastorale. Dans ses cours il combine son expérience en Europe, la richesse de ses lectures, sa passion pour l'enseignement universitaire et son souci majeur de voir émerger un nouvel Haïti, la perle des Antilles. Il signe *LE VILLAGE ETHIQUE.*

Chaque année, dans le village éthique, le professeur Henri Claude Télusma invite toutes les communautés universitaires du pays, les étudiants et les professeurs de son université et la population en générale à venir voir et apprendre ce qui se passe dans les quatre murs de ses différentes classes. Le village éthique de Dr. Codo reste la définition même de comment les étudiants devaient traduire dans la pratique ce qu'ils apprennent sous sa direction. Avec lui, apprendre devient une joie et une fête.

Dans ce nouveau livre, *La Jeunesse Protestante, entre Mondanité et modernité : Jalon pour une pastorale de la jeunesse,* il montre clairement la tension que ne vit pas seulement la jeunesse protestante d'Haïti, mais la jeunesse de notre monde moderne. Ce qu'il soulève ici s'observe partout dans nos sociétés développées et sous équipées. Pour être juste avec lui-même et avec ses nombreux lecteurs, il fouille les sciences connexes à la théologie avant de dégager les leçons qui s'imposent pour nous si nous voulons sauver nos enfants d'aujourd'hui.

Dr. Henri Claude TELUSMA nous invite tous, parents, église et les jeunes eux-mêmes *« à une action ponctuelle, mesurée, contextuelle et réparatrice »*.
A bon entendeur…

Dr. Nzunga Mabudiga, Professeur.
Mesa, Arizona, USA.

Introduction

La Bible raconte comment de nombreux jeunes ont été engagés par Dieu dans l'accomplissement de son œuvre : Samuel était très jeune lorsqu'il est entré au service du Seigneur dans le temple (1 Sam. 3:1), David était jeune lorsqu'il a délivré le peuple de Dieu de la main du géant Goliath (1 Sam. 17:41-47), Jean le Baptiste s'était dès sa jeunesse consacré corps et âme à préparer le chemin du Seigneur (Luc 3:1-22), et Timothée était un jeune garçon dévoué à l'œuvre du Seigneur. Il s'agit là d'une liste très restreinte comparée à certaines des grandes réalisations des jeunes dans les histoires relatées dans la Bible. Néanmoins, toutes ces réalisations prouvent que cette tranche d'âge doit être considérée comme l'une des plus belles et des plus émouvantes de l'existence humaine. Cette période marquant le lien entre l'enfance, l'adolescence et l'âge adulte, correspond à la période où l'individu se reconnaît tout naturellement dans sa vigueur et son potentiel inégalés. À cet âge, le jeune cherche à acquérir son indépendance et son identité, à inventer de plus en plus de nouvelles façons de communiquer avec son entourage, à choisir une vie professionnelle ou à se projeter un rêve.

Ce stade est aussi marqué par une certaine indécision et instabilité chez l'individu, qui doit lui-même se frayer un chemin, trouver ses repères. Comme le rappelle la conférence de Puebla, « la jeunesse est aussi une attitude face à la vie, et son rôle dans la société est d'activer le corps social[1]». Ce serait un comble que les jeunes soient considérés comme l'avenir de la société. Il s'ensuit que la qualité de leur vie peut déjà donner une idée de la qualité de l'avenir de la société.

Dans les milieux évangéliques, il est fréquent d'entendre les pasteurs pousser des cris d'alarme quant à leur inquiétude pour l'avenir de l'église, comme si celle-ci était hypothéquée. Il arrive même que des leaders se plaignent d'un atterrissage forcé des pratiques mondaines au sein des églises chrétiennes. Suite à cet atterrissage, les jeunes s'adonnent à de très mauvais plaisirs et ont un amour désintéressé pour les choses du monde. De nombreux responsables religieux se déplorent de l'éloignement des jeunes par rapport à l'Église.

Ce désintérêt ou ce détachement de la religion peut être une des conséquences de l'essor de la technologie, où les jeunes

---

[1] C. ANTOINE; P. Duboys de Lavigerie, *Conférence de Puebla : Construire une civilisation dans l'amour*, Paris : Centirion, 1980, p.116.

se trouvent confrontés à des intérêts ou à des loisirs plus émouvants, plus captivants, voire plus actuels. Quant à ceux qui s'efforcent de rester dans l'église, ils peuvent se trouver pris dans les pièges de la mondanité, où les pratiques, les rituels et les traditions de l'église sont vilipendés, avec des collisions inattendues avec certains courants de pensée qui tendent parfois à remettre en question la foi chrétienne.

Dans la rubrique « Vie chrétienne pratique » de la revue *Parole par Poste*, on peut lire : « Un grand nombre d'enfants de Dieu ne prennent même pas du temps pour Dieu. Au lieu de cela, ils passent plusieurs heures par semaine à regarder de la T.V. à lire des livres du monde, à aller à de mauvais endroits et à faire de mauvaises choses. Ils s'associent continuellement à des gens qui ne connaissent pas Dieu et qui ne se soucient pas de lui[2]». Les auteurs notent que les jeunes chrétiens se détachent de plus en plus de leurs racines chrétiennes et ne se soucient pas de leur vocation de témoins du Christ dans le monde. Ils oublient que la Bible dit que l'amour du monde est inimitié avec Dieu (Jac 4 :4).

---

[2] UB David, I'LL Jonathan, « Vie Chrétienne Pratique », dans : *Parole par poste*, p. 9.

CHAPITRE I

TRAITS DE MONDANITÉ CHEZ LES JEUNES CHRÉTIENS

L'apôtre Jean déclare dans 1 Jean 2:13-14 : « Je vous écris, jeunes gens, parce que vous avez vaincu le malin... Je vous écris, jeunes gens, parce que vous êtes forts et que la parole de Dieu habite en vous... ». Ce passage suggère que la jeunesse représente la force de la communauté chrétienne. En regardant la Bible, nous pouvons voir comment Dieu a souvent appelé les jeunes à son service ou à remplir une vocation à un certain niveau. En termes sociopolitiques, la société d'Israël à l'époque de l'Ancien Testament s'appuyait fortement sur les jeunes. Presque tous les rois, tous les juges et de nombreux prêtres étaient des jeunes : Saül, le jeune homme parti à la recherche de l'âne de son père (1 Sam. 9:1-24), David, un jeune garçon chargé de garder le troupeau de son père (1 Sam. 16:1-13), Salomon, son fils, et ainsi de suite. Au vu de ces exemples et de bien d'autres, il est intéressant de noter que la base sociopolitique d'Israël reposait en grande partie sur des jeunes.

La reine Esther a fait une chose extraordinaire dans l'histoire du peuple juif. Elle était très jeune lorsque le roi Assuérus l'a épousée. Face au danger qui menace le peuple, elle invite tous les Juifs à passer plusieurs jours en prière, afin que le peuple retrouve la faveur de Dieu.

Sur le plan religieux, Israël était sous la responsabilité des Lévites et des Prophètes. Ces derniers apparaissent comme la bouche de l'Éternel. Ils plaident pour la fidélité à l'alliance conclue entre Dieu et son peuple (1Sam. 2:18 ; Amos 7:10-17). Là encore, Dieu a utilisé de nombreux jeunes, comme par exemple Samuel, qui était non seulement juge mais également prophète de Dieu devant le peuple. Il a répondu à l'appel de Dieu dans sa jeunesse. Prenons aussi Jérémie, qui s'est consacré dès sa jeunesse à représenter Dieu devant le peuple (Jérémie 1:4-9). La question religieuse reposait également sur les prêtres dont le rôle était de représenter le peuple devant Dieu. Dans la mesure où la tribu de Lévi était une tribu sacerdotale, on peut dire qu'il y avait beaucoup de jeunes prêtres et de sacrificateurs à l'époque.

D'un point de vue ecclésial, l'utilité de la jeunesse se manifeste dans le développement de l'Église de Jésus-Christ sur terre. En effet, l'apôtre Paul qui a apporté une contribution majeure au développement de l'Église, juste avant sa mort, il a pris le temps d'instruire les jeunes Timothée et Tite afin qu'ils sachent comment diriger l'Église. Dans Philippiens 2:19-23, Paul complimente le jeune Timothée, qui était différent de tous ses compagnons de travail avec ces éloges : Il se souciait de comprendre les autres (v. 20), il était guidé par Dieu (v. 21), il s'efforçait de servir sous la direction d'autres personnes (v. 22), il cherchait à servir avec une influence toujours rayonnante (v. 22). Ainsi, ce n'est pas pour rien que dans six (6) épîtres pauliniennes, le nom de Timothée est honorablement associé à celui de l'auteur. Selon le volume II de son *dictionnaire encyclopédique de la Bible*, Alexander Westphal rapporte que Timothée avait une vingtaine d'années lorsqu'il accompagnait l'apôtre Paul[3]. Pour sa part, Dayton Keesee décrit et explique les réalisations du jeune Timothée comme suit:

> Ce fut à Ephese, ville d'une grande importance commerciale que Timothée reçut les deux lettres de Paul. Ephese était l'une des villes les plus superstitieuses du monde. L'occultisme y était profondément enraciné, beaucoup de ses citoyens le pratiquaient. (Actes 19 :18-20). L'œuvre de Timothée devait certainement être

---

[3] A.WESTPHAL, *Dictionnaire Encyclopédique de la Bible*, Tome 1, Valence-sur-Rhône, 1956, p. 598.

influencée par le caractère des éphésiens, connus dans toute l'Asie comme des gens capricieux, immoraux et superstitieux[4].

Héraclite d'Éphèse, cité par Keesee, dit ne jamais avoir souri à cause de l'iniquité du peuple d'Éphèse. Il ajoute que « la moralité dans le temple était plus avilissante que celle des bêtes, et que les éphésiens ne méritaient que d'être noyés[5] ». En dépit de tout cela, Timothée est resté un serviteur de Dieu. Car Dieu voulait l'utiliser pour le bien de son Église. Tous ces exemples montrent à quel point les jeunes sont indispensables au progrès de l'Évangile. La description d'Héraclite ne correspond-elle pas à ce qui se passe dans la société actuelle, où tous les fondements moraux ont presque été renversés, et où les jeunes n'ont presque plus de repères, ou du moins leurs repères ne sont que ceux qui causent leur ruine.

Selon *Le Petit Larousse 2023*, la mondanité peut être définie comme étant « le caractère de ce qui révèle de la vie mondaine, goût pour ce genre de vie. Ce sont des habitudes propres aux gens du monde ». Les auteurs de la *parole par poste* dans la section « vie chrétienne pratique (Apprendre à

---

[4] D. KEESEE, *Epitres pour évangélistes, Vérité pour aujourd'hui*, USA : Eddie Cloer, 1999, p.7.
[5] *Ibid*, p. 8.

s'accepter soi-même) » vont plus loin pour dire que « la mondanité est l'une des choses que Satan a utilisée pour attirer vers lui les chrétiens afin de les éloigner de Dieu[6]». Dans la même rubrique, la mondanité est dévisagée comme tout ce qui empêche quelqu'un de jouir de l'amour de Dieu et de vouloir faire sa volonté[7]. Parmi les traits de la mondanité observés chez les jeunes chrétiens, les plus frappants sont les tenues vestimentaires indécentes, une sexualité inhabituelle, la consommation de drogues l'alcoolisme et l'amour de l'argent.

1. Tenues indécentes

En matière d'habillement, les gens s'habillent naturellement pour au moins deux raisons. D'une part, pour se sentir en sécurité. Ici, la sécurité concerne essentiellement les parties intimes de l'homme ou de la femme. Le corps comporte en effet des zones très intimes et très privées. Par conséquent, le vêtement est conçu pour protéger la vie privée et l'intimité de la personne qui le porte. D'autre part, il est porté pour aider à protéger son porteur du climat. Ainsi, chaque type de vêtement a une correspondance avec les conditions climatiques. Par

---

[6] UB David, I'LL JONATHAN, « Apprendre à s'accepter soi-même », dans : Parole par poste, p.9.
[7] *Ibid.*, p. 19.

ailleurs, le facteur loisir n'est pas à négliger. Mais quoi qu'il en soit, les deux premiers paramètres, à savoir la sécurité et les conditions climatiques, doivent être pris en compte lors du port d'un vêtement, faute de quoi le porteur sera perçu soit comme indécent, soit comme fou.

Dans son ouvrage titré *Problèmes de la Jeunesse du Mariage de la Famille*, J. Graf déclare : « Bien de jeunes filles chrétiennes ne se rendent pas compte que par leur comportement, leur manière de s'habiller, etc., elles peuvent exciter les convoitises des jeunes gens, de sorte que ceux-ci risquent de tomber. Elles partagent aussi leur responsabilité[8]». Les auteurs de *La Jeunesse Chrétienne face à Certains Problèmes* déclarent, de leur part : « La manière de s'habiller peut aussi vous ranger illico dans telle ou telle catégorie de gens, ces jours-ci, les jeunes gens des deux sexes veulent exposer toute leur anatomie pour se rendre « sexy » sans toutefois tenir compte des impressions qu'on peut se faire[9]». Et

---

[8] J. GRAF, *Problèmes de la Jeunesse du Mariage de la Famille*, Paris : Bible et Publication Chrétienne, 1990, p.26.
[9] U.J.C.H, *La jeunesse chrétienne face à certains* problemes, Port-auPrince, Sé, sd., p.27.

Bernard W. Schnippert pense que « Cette façon de s'habiller n'est que de la pornographie graduée[10]».

2. Pratiques sexuelles inopportunes

Le deuxième trait souligné est lié à la pratique sexuelle. Physiologiquement, le désir d'avoir des relations sexuelles normales augmente tout au long de l'adolescence. Il est donc facile de comprendre pourquoi de nombreux jeunes sont tentés de faire l'amour pendant cette période. Et ce désir est d'autant plus fort aujourd'hui que les facteurs de stimulation sont à portée de main avec les réseaux sociaux et les séries télévisées. Le problème ne réside pas dans le fait de la tentation, mais dans la volonté de banaliser les prescriptions bibliques en les qualifiant d'archaïques et de démodées. Afin de permettre aux jeunes chrétiens de prendre position sur les interdits bibliques de la fornication, les auteurs de *parole par poste*, rubrique « Amour, rencontres et mariage », rappellent que ce qu'un jeune peut gagner en ayant des relations sexuelles avant le mariage n'est pas comparable à ce qu'il perdra en conséquence[11]. Ils pensent que ce que les jeunes obtiennent n'est qu'une sensation

---

[10] *Ibid*, p. 27
[11] UB David, I'LL JONATHAN, « Les fréquentations et le mariage », dans : *Parole par poste*, p. 1.

brève et forte et un plaisir momentané. Et ce qu'ils gagnent en ayant des relations sexuelles avant le mariage peut compromettre leur futur mariage ou réduire leurs chances d'épouser la bonne personne. Selon les auteurs, les pratiques sexuelles avant le mariage peuvent ruiner les chances des jeunes de trouver le véritable amour et les empêcher d'expérimenter le meilleur de ce que Dieu les réserve. Ces relations ont également tendance à porter atteinte à leur respect et à les culpabiliser à vie. Enfin, ils estiment qu'à cet âge, ces relations sont risquées et peuvent briser la vie de ces jeunes si fragiles et innocents.

Alors que la fornication et l'adultère sont considérés comme des pratiques sexuelles physiques normales, mais condamnées par la tradition de l'église, les relations sexuelles contre lesquelles l'église est farouchement opposée sont celles entre homme et homme, femme et femme, homme et animal, et la pédophilie. Ce sont là les traits de la mondanité les plus sévèrement sanctionnés par l'Église haïtienne.

3. L'alcoolisme

Clain Wubenson dans son ouvrage titré *Le disciple de Jésus* déclare : « L'alcool détruit le système digestif, ravage le foie, endommage le pancréas ; plus de la moitié des accidents mortels occasionnes sur les routes à grande circulation, sont provoqués par des personnes conduisant en état d'ébriété[12]». La troisième caractéristique de la mondanité chez les jeunes chrétiens est le rôle que joue l'alcool dans leur vie. Beaucoup de jeunes chrétiens sont alcooliques. En inscrivant ces lignes, nous ne sommes pas contre ceux qui boivent de l'alcool dans le cadre de leur vie sociale. Mais le problème réside dans la mesure où la consommation excessive met en danger la vie du buveur, dans son incapacité à se contrôler ou à s'arrêter. Or, la Bible elle-même ne condamne pas l'usage modéré de boissons alcoolisées. Au contraire, elle désapprouve l'ivresse et montre les effets néfastes de l'alcool. En effet, elle a beaucoup de choses à dire contre l'ivrognerie : « *Le vin est moqueur, les boissons fortes sont tumultueuses, quiconque en fait excès n'est pas sage.* » (Proverbes20 :1). *Pourquoi les ah ? Pourquoi les hélas ? Pourquoi les disputes ? Pourquoi les plaintes ? Pourquoi les blessures sans raison ? Pourquoi les yeux rouges ? Pour ceux qui s'attardent auprès du vin, pour ceux qui vont déguster du vin mêlé. Ne regarde pas le vin qui parait d'un beau rouge, qui fait des perles dans la couple, et qui coule aisément. Il finit par mordre comme un serpent, et par piquer comme un basilic. Tes*

---

[12] W. CLAIN, *Le disciple chrétien*, p. 64.

yeux se porteront sur des étrangères, et tu parleras d'une façon perverse. Tu seras comme un homme couché au milieu de la mer, comme un homme couché sur le sommet d'un mat : « On m'a frappé,... je n'ai point de mal ! ...on m'a battu,... je ne sens rien ! Quand me réveillerai-je ?... J'en veux encore » (Prov.23 :29-35). Ainsi, sur la base de ces observations, le jeune chrétien qui a l'habitude de boire beaucoup est invité à faire demi-tour.

4. La drogue

La consommation de drogues est le quatrième signe de la mondanité chez les jeunes. En effet, elle accroît de jour en jour le taux de criminalité, en provoquant des meurtres, des vols, des viols, etc. En tant que culture de contre-valeur qui sape la stabilité émotionnelle et psychique des consommateurs, la drogue est peu connue (en termes de consommation) de la majorité des jeunes chrétiens dans les églises. Cependant, elle exerce un fort pouvoir d'attraction sur eux. Beaucoup pensent que les *deals* sont le seul moyen rapide d'échapper aux problèmes de la vie et aux difficultés financières, tandis que d'autres pensent que les drogues sont un moyen très efficace de se réfugier dans un monde euphorique.

5. L'amour de l'argent

La Bible l'amour de l'argent comme la racine de tous les maux (1 Tim 6:10). Il convient de préciser ici que le problème n'est pas l'argent en tant que tel, mais l'amour de l'argent qui produit l'orgueil, la volupté, la dépravation et le refus de Dieu. Cet amour pousse certains jeunes à pratiquer de nombreuses activités illicites pour gagner de l'argent. Dans le livre des Proverbes (15:27), la Bible déclare que les gains illicites encouragent la convoitise et la cupidité. Pour reprendre Wilbur O'Donovan : « L'argent et les présents illicites favorisent la corruption de la société et rendent la vie plus difficile pour chacun[13] ».

---

[13] W. O'DONOVAN, *Pour un christianisme Biblique en Afrique*, Abidjan : Centre de Publications Évangéliques, 1998, p. 138.

CHAPITRE II

LES FACTEURS CONTRIBUANT À LA MONDANITÉ CHEZ LES JEUNES

Ex nihilo nihil fit, de rien, rien ne se fait, Dit Descartes. Ce principe philosophique est à la base du principe de causalité. Il revient à Platon d'expliquer le vrai sens de la causalité. Pour lui, «Tout ce qui naît, naît nécessairement par l'action d'une cause. Car il est impossible que quoi que ce soit puisse naître sans cause[14]». Qu'est-ce qui est à la base de la mondanité à l'Église ? Ce chapitre se veut une analyse des facteurs occasionnant la mondanité au sein de la jeunesse. Il est clair que la solution d'un problème passe d'abord par l'identification des causes. Avant de prescrire un remède à un patient, le diagnostic du médecin consiste à faire l'historicité de la maladie suspectée.

1. Influences du milieu

« Tout homme appartient à un milieu social. Il est profondément influencé, modelé par lui[15]». La fréquentation des jeunes a un très grand impact sur leurs choix moraux. Il convient

---

[14] Art.cit.

[15] M. QUOIST, *Jésus-Christ m'a donné rendez-vous*, Geneve : Labor et Fides, 1990, p. 30.

de souligner que l'appartenance religieuse n'empêche pas les jeunes d'être en contact avec d'autres personnes ayant une éducation, une culture et des normes morales différentes. La tendance des familles chrétiennes à vouloir trop confiner les enfants n'est pas sans conséquences. En effet, le jour où ces jeunes goûtent aux joies d'une vie hors du contrôle parental, cela peut être fatal. L'homme, dit-on, est le produit de son environnement, c'est-à-dire que quel que soit son environnement familial ou religieux, il reproduira forcément certaines de ces empreintes culturelles. L'environnement dans lequel un enfant grandit façonne considérablement son caractère. Suivant Renneh J. Gergen, « les caractéristiques de l'environnement physique influencent souvent les états psychologiques des gens et leurs relations les uns avec les autres[16]». Ainsi, si un jeune a des amis alcooliques, obsessionnels, prédateurs sexuels, toxicomanes et parieurs, il s'adaptera simplement à cet environnement et adoptera ce nouveau mode de vie.

2. Démission des parents

La démission des parents est l'une des principales causes de la mondanité chez les jeunes chrétiens. Par démission

---

[16] K. J. GERGEN *et al*, *Psychologie sociale*, Montréal : Étude vivantes, 1984, p. 438.

parentale, il faut entendre une perte d'autorité et de contrôle des parents sur leurs enfants. La famille étant l'élément premier du corps social d'où les jeunes tirent leur être, leur éducation se trouve aujourd'hui désarmée. Cette démission est marquée par une sorte de faiblesse remarquable, une impuissance à poser calmement et fermement des interdits et des consignes, à créer un cadre de vie solide. Beaucoup de parents oublient souvent qu'ils ont une responsabilité qui ne serait jamais mieux assumée par d'autres. En outre, ils oublient qu'ils sont les premiers éducateurs du foyer, et que leur attitude, leur personnalité ou leur tempérament est devenus la loi du destin de leurs enfants.

De nombreux parents n'ont aucun contrôle sur les fréquentations de leurs enfants ou sur la façon dont ils s'habillent. Ils ont peur de les réprimander à la maison. Cité par Lary Christenson, Max Rafferty accuse la démission des parents d'être à l'origine d'une grande partie de la délinquance juvénile actuelle : « Nous avons été faibles au lieu d'être fermes, tolérants au lieu d'être sévères, larges au lieu d'être regardants, indifférents au lieu d'être vigilants[17]». Dans ses observations, M. Rafferty questionne l'autorité parentale en ces termes :

---

[17] L. CHRISTENSON, *La famille Chrétienne*. Chemin du Grand Muveran (Suisse) : Foi et Victoire, 1980, p.92.

« Savez-vous où sont et que font vos jeunes depuis leur sortie de l'école jusqu'au moment où ils rentrent à la maison ?[18]». A travers l'éducation familiale, les enfants sont capables de développer une personnalité émancipée, joyeuse et orientée vers la société. Si ce travail est négligé chez les enfants, ils deviendront une source de préoccupation pour l'Eglise et la société. Les conséquences de ce manque d'éducation familiale commencent à se faire sentir aujourd'hui. La démission des parents est dans certains cas due à un conflit entre le père et la mère, et par conséquent, la vie affective de l'enfant devient anormale. Certains ont oublié que le foyer est le lieu où l'enfant est appelé à apprendre à être autonome et à jouer son rôle dans la société. Dans le livre des Proverbes, nous lisons : « Ne ménage pas la correction à l'enfant » (Prov23:13 ; 13:24), celui ou celle qui aime son enfant cherche à le corriger.

3. Désintérêt de l'Église pour les jeunes

La société d'aujourd'hui est marquée par le non-respect des normes, la négation de la morale, l'impolitesse envers les aînés et les autorités, l'augmentation de la délinquance, etc. La situation des enfants en sur le plan éthique est très alarmante.

---

[18] *Ibid.*, p. 93.

Ces derniers sont soumis à de nombreuses formes d'abus qui affectent profondément leur personne, leur moralité et leur dignité. On a parfois tendance à les singulariser : *pitit se byen malere, Timoun se ti chyen, Timoun pa dwe gade granmoun nan je.* Cette présentation péjorative des enfants laisse derrière elle plusieurs cas majeurs où la maltraitance devient de plus en plus infernale et inhumaine. La vente d'enfants, la situation des enfants domestiques, les enfants soldats, les enfants abusés sexuellement sont autant de facteurs clés qui révèlent la nature déshumanisante des enfants en Haïti. Face à cette situation alarmante, l'église haïtienne se doit de s'ériger en véritable refuge pour cette jeunesse désorientée. Elle pourrait être une ressource solide visant à changer le regard de la société sur les enfants en proposant un programme vrai et authentique destiné à redorer l'image des jeunes et surtout à leur donner une place dans l'église.

Dans de le rapport de la conférence de Puebla nous retenons ceci: « Quand les adultes manquent d'authenticité et ne sont pas ouverts au dialogue avec les jeunes, ceux-ci ne peuvent, par leur dynamisme réacteur, faire avancer le corps social[19] ». Si le rôle de la jeunesse est d'activer le corps social, donc, là où ils

---

[19] Conférence de Puebla, *Op.cit.*, p. 288.

ne sont pas pris en considération, ils ne pourront pas faire avancer ce corps social. Les participants cette conférence croient que « ce qui désoriente le plus la jeunesse, c'est de voir son exigence d'authenticité mise en cause par un milieu adulte souvent incohérent et récupérateur, ainsi que par le conflit de génération, la société de consommation, un certain culte de l'instinct, la drogue, la sexualité et la tentation d'athéisme[20] ». Donc, à l'église les jeunes doivent se sentir chez eux et ils ne n'ont pas à être considérés comme étrangers. L'église est invitée faire de son mieux pour chasser ce manque d'intérêt pour les jeunes, elle devrait voir dans la jeunesse une immense force de renouveau, symbole même de l'église. Elle devrait le faire par vocation, non par tactique, car elle est « appelée à se rénover constamment, c'est-à-dire à se réjouir sans cesse ».

4. Manque de leaders compétents capables de travailler avec les jeunes

En compagnie de leurs pairs, les jeunes chrétiens sont souvent confrontés à de nouvelles valeurs qui constituent autant de chocs spirituels et éthiques les amenant à s'interroger sur leur propre moralité. Parfois, face à certaines crises d'angoisse ou de spiritualité, ou dans leur quête d'affirmation de soi, ils ont

---

[20] *Ibid*, p. 288.

tendance à se tourner vers leurs amis. Parfois, les réponses qu'ils trouvent sont en contradiction avec leur foi chrétienne. Par ailleurs, les animateurs que l'église place à la tête des jeunes sont malheureusement incapables de les guider. Pour faire face aux chocs de la confrontation avec les autres, ils ont besoin d'un leader, d'une personne de confiance et compétente. Ce dont ils ont besoin, c'est d'un leader, d'une personne préparée et volontaire capable de les diriger, de les conduire, de les former jusqu'à ce qu'ils deviennent des hommes et des femmes accomplis.

L'animateur de jeunesse doit être un très bon éducateur. Par-là, on peut dire en partie que la personnalité des jeunes en dépend. Pour répéter Alain Wyler dans son ouvrage intitulé *l'Educateur Chrétien*, « Les éducateurs d'aujourd'hui s'accordent à penser que le but de l'éducation est de favoriser l'épanouissement de la personnalité de l'enfant[21] ». Dans le domaine de l'éducation de la jeunesse, l'objectif est de permettre aux jeunes de conquérir leur personnalité, qui représente l'ensemble des dispositions physiques, affectives, intellectuelles, sociales et spirituelles par lesquelles un être se

---

[21] A. WYLER, *L'éducateur chrétien*, Lausane : Édition Universitaire de Lausane, 1978, p. 59.

définit et s'exprime parmi ses semblables. Le responsable ou l'éducateur chrétien, en particulier celui qui travaille avec les jeunes, est à la fois un leader spirituel et intellectuel, très cultivé et ouvert d'esprit. Wyler, croit que « l'éducateur qui refusait d'entrer dans le mouvement de recherche, sur lequel l'homme d'aujourd'hui projette ses authentiques aspirations, se condamnerait au vieillissement et à la stérilité[22] ».

Le responsable chrétien, le responsable de la jeunesse, devrait travailler à l'épanouissement de ses disciples. Il est impossible de parler à quelqu'un de l'amour de Dieu sans révéler d'une manière ou d'une autre l'intérêt que l'on porte à cette personne. Le responsable devrait être un modèle pour les jeunes. Personne ne peut ignorer que l'Église a ce grand problème de manque de leader. La plupart des gens qui ont la capacité de travailler avec les jeunes ne veulent pas assumer cette responsabilité. Nous ne pouvons pas en déterminer la cause exacte, mais il s'agit d'un grave défi. L'Église a besoin de jeunes bien formés et même très bien formés pour gagner le monde intellectuel au Christ. Et s'ils ne le sont pas, ils seront faibles et pourront être emportés par n'importe quel vent doctrinal. A ce propos, Wyler précise : « L'éducation au service

---

[22] *Ibid.,* p. 54.

de la jeunesse manifeste la profondeur de son engagement en donnant à celle-ci de surmonter l'épreuve du temps[23]».

5. Traditionalisme de l'Église contre modernisme de la jeunesse

La routine est un des éléments qui découragent le plus souvent les jeunes de participer aux activités de l'église. La plupart du temps, lorsqu'on demande à un jeune qui n'assiste pas au culte la raison de son absence, il répond que « je connais déjà le contenu, je sais ce que le pasteur va dire » ; bien qu'il s'agisse d'une excuse. Bien entendu, des leaders confondent tradition ecclésiale et routine. Pour Clyde M. Narramore, « la routine peut enlever toute vie à n'importe quelle activité. Profitable ou non. Quand une réunion a toujours lieu à la même heure et au même endroit et qu'elle se déroule toujours de la même manière jour après jour, elle perd souvent la spontanéité et devient ennuyante[24]». Il existe un certain nombre d'églises évangéliques qui ont peur du changement, pensant que tout ce qui est nouveau est du monde ou de Satan. Elles ne pensent pas que nous vivons dans un monde qui évolue à un rythme effréné.

---

[23] *Ibid.*, p. 83.
[24] C. NARRAMORE M., *Le culte familial*, Shawinigan-Sud (Canada) : Éditions Parfam/PBE, 1982 p. 18.

La plupart des prédicateurs ont peur de la nouveauté. Tout ce qui est nouveau, pour ces prédicateurs, c'est le diable. Ce rappel de la particularité des exhortations protestantes haïtiennes n'est en aucun cas une carte blanche à la nouveauté de notre part. Nous ne prétendons nullement dire que toute nouveauté est bonne à prendre. En revanche, il est tout à fait inopportun de voir une église dont le fonctionnement est souvent assimilé à celui d'une structure sociale néophobe.

Ainsi, le port du pantalon par les femmes, les crèmes de défrisage, les coupes de cheveux chez les hommes, entre autres, ont été formellement sanctionnés par les autorités ecclésiastiques. Certains pasteurs qualifient la nouveauté d'ennemie de la foi chrétienne. Ils exhortent les fidèles à s'abstenir de la mode et de toutes les nouveautés contraires aux traditions évangéliques. Aux yeux de cette église, ces nouveautés sont immorales, païennes et diaboliques. Dans son analyse de la position des Églises face au changement, Ray Bakke les qualifie de rétrogrades et d'archaïques. Selon lui, « certaines églises sont toutes de gris vêtues. Le poids de la tradition et les pressions du conformisme sont si lourds que tout est gris. La couleur du compromis, la couleur qui évite les controverses[25]». La prédication devient alors une arme défensive pour maintenir la tradition. Les jeunes sont parfois catalogués d'immoraux parce qu'ils veulent paraître jeunes en s'adaptant à la réalité d'aujourd'hui. Dès l'introduction des réseaux sociaux, les moralistes ont prêché directement contre les téléphones portables et les applications telles que WhatsApp, Facebook, Instagram, etc. Ils pensaient que ces facteurs de changement seraient des instruments utilisés par Satan pour séduire les enfants de Dieu. Ainsi, Facebook, par exemple, était considéré comme la marque de la bête. Ces moralisateurs entendaient faire fonctionner leurs fidèles en dehors du cadre temporel, en ne gardant dans l'église que des hommes et des femmes absolument détachés de toutes réalités matérielles. Pour Ray Bakke ces «églises ressemblent à des musées, la musique, l'habillement, le vocabulaire et le style de vie viennent d'une autre époque et finissent par devenir des expressions obligatoires de la foi [...]. Pour elles le chemin qui mène à la croix passe par la porte de la tradition[26]».

---

[25]R. BAKKE, *Espoir pour la ville*, Québec, Clairière, 1994, p. 147.
[26]*Ibid.*, p.14.

CHAPITRE III

POUR UNE ÉTHIQUE ADAPTÉE AUX ENJEUX DE LA JEUNESSE

La description de la réalité éthique des jeunes présentée au chapitre premier montre que l'église, la famille et les autres institutions légales et formelles de la société doivent agir bien et très bien pour le salut des jeunes. Devant une telle situation, il peut y avoir plusieurs réactions de plusieurs groupes : un groupe qui regarde et critique sans rien faire, un autre qui est totalement indifférent et un autre qui agit. Je propose aux lecteurs d'être du côté de l'action. Une action ponctuelle, mesurée, contextuelle et réparatrice. A ce stade, les parents, les responsables d'église et les jeunes eux-mêmes sont appelés à prendre conscience de cette urgence afin d'agir et de bien agir. Aux grands maux, les grands remèdes ! Dans une approche déontologique, les solutions proposées dans cet ouvrage s'adressent à trois entités : la famille, l'Eglise et la jeunesse.

1. Devoir de la famille

La société deviendra ce que la famille représente généralement aujourd'hui. Ainsi, pour jouer son rôle, la famille en premier lieu doit exercer son autorité sur les enfants. Par conséquent, le moindre signe de manque ou d'absence d'autorité de la part des parents peut faire d'un enfant un vagabond, un délinquant ou un brigand. Un parent est tenu d'exercer son autorité. Le père ou la mère de famille fait comprendre aux enfants qu'il ou elle est le chef de famille. Le parent doit se comporter en parent, car il est parfois un parent qui est à la maison comme s'il était là, en ce sens qu'il n'y a pas de différence entre sa présence et son absence dans la famille.

D'autre part, certaines personnes confondent l'autorité parentale avec la brutalité. Parfois, les actes de brutalité sont synonymes d'un manque d'autorité sur les enfants. Donc, les parents sont appelés à corriger leurs enfants avec amour, comme Dieu lui-même châtie ses enfants avec amour (1 Tim. 5:23). Et le point fort de l'autorité [la correction] est un bon exemple. On donne ce que l'on reçoit. Les parents sont des exemples à suivre pour leurs enfants, car il est dans la nature des enfants d'imiter les bons et les mauvais exemples de leurs parents, « tel père, tel fils ». Tite devait exhorter les jeunes gens et être lui-même un modèle (Tite 2:6-7). Les parents sont appelés à vivre ce qu'ils enseignent à leurs enfants (Rom. 2:17-24). J. Graf laisse croire que « le bon ou le mauvais exemple des parents a plus d'effets sur les enfants que l'on ne pense. Persévérer dans le bon exemple nécessite de la part des parents un exercice constant[27] ».

Les adultes ont pour tâche de traiter les enfants avec le plus grand sérieux. Il ne s'agit pas de se soumettre aux caprices de l'enfant, ni de devenir despotique. Ce dont les enfants ont besoin, c'est de l'attention et de la surveillance de leurs parents, et d'un NON ferme et catégorique de temps en temps. L'avenir appartient aux jeunes, c'est donc à la famille de les préparer à l'intégrer avec confiance, respect et dignité.

Deuxièmement, les parents chrétiens sont invités à organiser des cultes en famille. Le culte familial a beaucoup de sens : il permet de tisser des liens entre les membres de la famille et de contrôler l'entrée des enfants dans le foyer. Pour répéter Graf, « le but des parents chrétiens devraient constamment avoir en vue, à savoir que leurs enfants ne soient pas seulement au Seigneur, mais qu'ils marchent aussi dans la vérité et la sainte doctrine[28] ». Les parents d'aujourd'hui risquent de poursuivre des objectifs ambitieux qui ne font que nuire à la

---

[27] J. GRAF , *Op.cit.*, p. 74.
[28] *Ibid*, p.79.

vie spirituelle de leurs enfants. Les obligations familiales rendent difficile la lecture quotidienne de la Bible et la prière. Cependant, le Seigneur récompense largement cette fidélité, c'est-à-dire la lecture et la méditation quotidiennes de la parole de Dieu. La bénédiction est particulièrement grande pour les enfants. Charles H. Spurgeon, cité par Clyde M. Narramore a déclaré que « La prière en famille est un instrument de piété familiale, et malheur à ceux qui la négligent[29]».

Une famille qui néglige le culte familial est très mal protégée contre les problèmes et les difficultés de la vie ; c'est une famille sans abri. « Un grand nombre de couples chrétiens ne se rendent cependant pas compte que le culte en famille est vital pour la santé spirituelle du foyer[30] ». Une vie dévotionnelle constante au sein du foyer est l'une des règles à suivre pour que les jeunes développent leurs valeurs spirituelles. Le culte familial doit avoir sa place privilégiée dans la vie de famille. Les parents ont besoin de toute la grâce du Seigneur pour élever leurs enfants dans la crainte de Dieu. C'est un grand privilège pour les parents chrétiens de placer leurs enfants dans la prière,

---

[29] *Ibid*, p. 80.
[30] C. MARRAMORE M., *Op.cit*, p.4.

entre les mains de Dieu. Les parents chrétiens peuvent se réjouir de leur vocation chrétienne. Ils vivent, avec leurs enfants, dans un monde plein de dangers, qui ne se soucie pas de la parole de Dieu. Pourtant, le Seigneur prend soin des siens et veut que les parents sachent comment instruire leurs enfants sur le chemin du ciel.

Enfin, les parents ont la responsabilité de répondre aux besoins de leurs enfants. Les jeunes sont très exigeants. Ils sont à l'école, dans des associations, et dans d'autres clubs de jeunesse qui organisent des activités payantes. Les parents sont conseillés ici à faire de leur mieux pour les aider à trouver les moyens nécessaires pour participer aux activités dans la mesure de leur possibilité. S'ils ne le font pas, ils se sentiront non seulement frustrés, mais ils essaieront de trouver d'autres moyens ailleurs. Nous vivons dans un monde en constante évolution. Le jeune chrétien ne doit donc pas être rétrograde ou ignorant, ni dans sa façon de s'habiller, ni dans les activités auxquelles il participe. Il doit cependant veiller à préserver son identité chrétienne dans la société. Les parents ont besoin de pouvoir accompagner les jeunes dans leurs besoins existentiels, non seulement dans leurs besoins spirituels, dans leurs affectifs, sentimentaux, et autres.

Beaucoup de jeunes ont peur de leurs parents. Ils n'osent pas leur parler, notamment de leur vie sentimentale, et cela a de graves répercussions sur leur choix. Lorsqu'il s'agit de choisir un partenaire ou une carrière, les parents sont là pour guider leurs enfants, car ils ont beaucoup plus d'expérience qu'eux. Leur devoir quotidien est d'essayer de se rapprocher de leur progéniture. Dans de nombreuses familles, parents et enfants se comportent comme de véritables ennemis. En effet, la jeunesse est le vivier de la société, il est important de la protéger et de la former pour qu'elle puisse prendre en main son destin et celui de la société dans son ensemble.

2. Responsabilité de l'Église

Très bien placée pour aider les jeunes, l'Église peut les soutenir et les encadrer en valorisant leurs talents et en créant des temps de loisirs et de formation pour les animateurs. En ce qui concerne l'accompagnement, l'Église a besoin de l'intégrer dans ses activités. A côté des lacunes observées chez certains, il y a des jeunes qui sont très bien formés. Certaines églises ont des jeunes agronomes, économistes, gestionnaires, pasteurs, médecins, juristes, etc. Il faut montrer à ces jeunes qu'avant d'être quoi que ce soit dans la vie, ils sont appelés à répandre l'évangile du Christ et à mettre leur savoir et savoir-faire au service de la communauté. Alors, l'Église peut les intégrer, à les montrer qu'ils ont leur place en son sein.

Dans les moments de faiblesse, les pasteurs ou autres accompagnateurs seront présents pour parler aux jeunes, pour les aider à trouver une voie, car si on ne prend pas le temps de parler avec eux, ils iront voir ailleurs. Il ne faut pas montrer aux jeunes qu'ils sont incurables, mais de préférence les encourager à faire demi-tour, tout en les réprimandant, en les réconfortant et en les guidant par des conseils pratiques et par la prière. Les jeunes ont besoin qu'on leur montre qu'ils sont utiles, car en dehors du salut, le besoin le plus profond de toute personne est de se considérer comme utile. Ils ont aussi besoin de se sentir aimés et acceptés dans l'Église et dans la société. Entre autres, « Les jeunes doivent se sentir qu'ils sont l'église, en découvrant qu'elle est un lieu de communion et de participation. C'est pourquoi l'église accepte que leurs critiques, car elle se sait limitée dans ses membres ; elle s'applique à les rendre progressivement responsable de son éducation, pour les envoyer ensuite comme témoins et missionnaires, en particulier auprès de la grande masse des jeunes[31]». A l'église, les jeunes doivent se découvrir Peuple de Dieu, « un peuple au cœur de pauvre, contemplatif, en attitude d'écoute et de discernement évangélique, porteur de paix et de joie animé d'un projet de libération intégrale en faveur de leurs frères jeunes[32]».

Outre la question de l'encadrement, il y a aussi la question de la mise en valeur des talents des jeunes. Dans l'église, il y a des jeunes qui ont de nombreux talents. Certains sont musiciens, d'autres poètes, d'autres encore metteurs en scène, etc. Nous savons bien que le talent ne se cache pas. Il n'y a de talent que lorsqu'on s'en sert. Ce que nous voulons dire, c'est que si l'Église ne soutient pas les jeunes talentueux, ils vont de toute façon utiliser leurs talents ailleurs. C'est pourquoi tant de jeunes chrétiens vont dans des cercles ou des groupes qui sont en désaccord avec la morale chrétienne.

Les acteurs et les metteurs en scène peuvent former des troupes de comédiens pour présenter des pièces socio-

---

[31]C. ANTOINE; P. Duboys de Lavigerie, *Conférence de Puebla :Construire une civilisation dans l'amour*, p. 230.
[32] *Ibid*, p. 230.

spirituelles à l'église ou ailleurs. Avec les poètes, il est possible de former des groupes de poètes dans l'église pour l'avancement de l'évangile, et par ces astuces, on ne dira pas que l'église est l'affaire des arriérés, mais plutôt l'affaire d'hommes et de femmes cultivés et éduqués. L'un des facteurs à l'origine d'une certaine distance entre l'administration de l'Eglise et les jeunes est leur manque de confiance en eux. Les responsables d'église sont appelés à faire de leur mieux pour faire confiance aux jeunes. Mais surtout, il faut que les responsables de l'Église contribuent à ce que les jeunes utilisent leurs talents, soit dans l'Église, soit dans des activités para-ecclésiastiques. Selon Ray Bakke, « notre temps et nos talents appartiennent à Dieu aussi et sont à mettre en valeur, c'est pourquoi le pasteur est appelé à aider les chrétiens de l'église à se cultiver l'esprit[33] ». L'un des rôles sociaux des responsables d'église consiste à favoriser le bien-être personnel et spirituel au sein de l'Église, et à mettre en œuvre les dons et le témoignage de chacun au sein de la société.

L'église peut aussi s'engager dans l'épanouissement psychologique des jeunes par la création des moments de loisirs. Ces temps de loisirs devraient être un autre moyen par lequel

---

[33] Bakke, *Op.cit.,* p. 155.

l'église peut gagner un peu plus les cœurs et la confiance des jeunes. Par ces activités, elle montre qu'elle ne prépare pas seulement des hommes et des femmes pour le ciel, mais elle crée des conditions afin que la vie sur terre soit un avant-gout du paradis. Le bien-être spirituel passe aussi par celui du corps. Bakke encourage notamment les pasteurs à organiser des sorties d'église, en particulier avec les enfants et les jeunes, sorties qui leur permettent de découvrir ensemble certains aspects culturels et récréatifs de la ville, comme la visite de musées et de monuments. Les jeunes ont également besoin de se familiariser avec les structures de sécurité de la ville, telles que les sièges de police, les casernes de pompiers, etc. C'est un point fort dans leur développement émotionnel et cela les amène à avoir plus confiance en eux. Bakke souligne aussi que dans son église, la politique était d'intéresser et d'exposer les enfants dès leur plus jeune âge à des choses qu'ils n'auraient jamais connues, à tout ce qui pouvait élargir leur horizon et stimuler leur curiosité et leur développement. Il n'encourage pas les responsables d'église à penser petit, en se limitant à leurs petites paroisses. Pour lui, organiser des groupes de réflexion autour d'un livre, ou aller au théâtre ou au cinéma, peut apporter des leçons importantes sur la vision du monde de l'église et sur la vie chrétienne[34].

La mission de l'Église de Jésus-Christ ne peut pas se contenter d'investir son argent dans des voyages missionnaires alors que les jeunes meurent par manque de connaissances. Son autre mission consiste à former des responsables pour travailler avec les jeunes. Une telle formation est de la plus haute importance, car elle montre à quel point l'Église est consciente de la désertion des jeunes en son sein. Cette formation en amont aura pour but de prendre en compte la volonté de travailler des personnes ayant un faible niveau intellectuel. A ce stade, elle devient un moyen de mieux adapter l'enseignement au niveau des intéressés et au public auquel ils seront affectés. Lorsque, dans une institution ou une association, il y a un certain manque de leaders, ou lorsque les plus capables sont les moins impliqués, on ne peut qu'imaginer le résultat. Par exemple, il y a des jeunes très avancés intellectuellement qui sont dans une classe de catéchisme (ou école du dimanche) où l'instructeur n'arrive même pas à faire une bonne lecture. Continueront-ils à l'écouter ? Sur le plan intellectuel, l'animateur doit avoir une

---

[34] *Ibid*, p. 156.

très solide préparation pour être le leader de son groupe, une personne que tout le monde veut imiter, comme l'a si bien souligné l'apôtre Paul à l'égard de Timothée : « mais sois un modèle pour les fidèles, en parole, en conduite, en charité, en foi, en pureté » (1 Timothée 4,12). Ce rappel paulinien exhorte les animateurs de jeunesse à être des modèles tant sur le plan social que spirituel. « Il apparait donc clairement que ceux qui veulent former des hommes doivent vouloir qu'ils les suivent comme eux même suivant Jésus (2 cor. 11 :1) nous sommes de la démonstration. (Phil. 3 :17), nos propres disciples accompliront des choses qu'ils entendent et voient en nous (Phil. 14 :4)… Nous pouvons obtenir que ceux qui sont constamment avec nous imitent notre façon de vivre. Donc quel que soit la forme particulière de notre méthodologie, la vie de Jésus nous enseigne que découvrir et former des hommes pour atteindre des hommes doit être notre premier objectif[35] ».

Cette formation au leadership n'est pas un simple enseignement biblique dans le sens où elle se limite à apprendre et à réciter des versets bibliques, mais une formation à

---

[35] R. COLEMAN, *Évangéliser selon le Maitre*. Braine-L'Alleud : Éditeurs de littératures bibliques, 1982, p. 38.

l'application des principes bibliques à des situations concrètes de la vie quotidienne. Bakke laisse entendre ce qu': « Il ne suffit pas d'apprendre des versets par cœur et d'accumuler des connaissances bibliques. La parole de Dieu ne doit pas seulement pénétrer dans notre tête et dans notre cœur, mais aussi dans le tissu de nos relations et dans le concret de notre comportement[36]». L'animateur doit être une personne capable de créer un dialogue qui puisse offrir une vocation même dans un cadre pédagogique. En effet, pour Henri Johannot, « la vie de nos églises pourrait aussi en être renouvelée. Lorsqu'elles disposeront en effet de fidèles dévoués, instruits, sur lesquels il sera possible de s'appuyer en toute certitude, bien des problèmes seront alors résolus[37]».

3. Devoir de la jeunesse

Les jeunes chrétiens sont invités à prendre conscience de leur état, car un malade qui n'est pas conscient de sa maladie ne sera jamais guéri. Très souvent, au lieu de prendre conscience de leur état, ils cherchent à se victimiser. C'est comme si tous leurs malheurs provenaient de quelqu'un d'autre. Ils se plaignent

---

[36] BAKKE, *Op*.cit., p. 104.
[37] H. JOHANNOT, *et al Chrétiens sept jours sur sept*, Paris : :Le Phare, 1959, p. 116.

volontiers du manque de responsabilité des églises, des carences de la famille, comme s'ils n'avaient rien à voir avec leur état. Le chemin a été tracé tant bien que mal par les parents, il y a pas mal d'activités dans l'église, et si quelqu'un est désorienté, il faut qu'il ait le courage de prendre sa part de responsabilité.

Les jeunes gens sont par ailleurs appelés à réfléchir à leur existence, à leur mode de vie et à leur avenir. Bien sûr, il est nécessaire qu'ils aient des activités de loisirs conçues à leur intention, mais il faut qu'ils comprennent aussi que la vie n'est pas seulement faite de plaisirs. La période de la jeunesse offre aux jeunes l'occasion de se projeter dans la vie. C'est une période d'études et de préparation à la vie professionnelle. Par conséquent, ils ont besoin d'être capables de faire la part des choses. Et même dans ces activités de loisir, ils doivent être capables d'utiliser leur intelligence pour faire la différence entre un loisir et une activité illicite. « Il est encore vital pour le chrétien contemporain de distinguer entre les questions de foi importante et les détails culturels. Acquérir les connaissances scientifiques et littéraires sans se laisser influencer par la mentalité du monde, être présent dans les administrations, s'engager dans la société tout en gardant un style de vie conforme à la parole de Dieu sont autant de défis pour l'enfant de Dieu[38] ». En effet, les jeunes doivent chercher à faire la différence dans leurs relations avec leurs pairs, surtout avec ceux qui pourraient vouloir les désorienter et les entraîner dans certaines folies comme la drogue, l'alcoolisme et d'autres vices qui les déstabilisent psychologiquement. Ils sont tenus de savoir que les actions entreprises aujourd'hui ont des échos dans l'avenir - en d'autres termes, les actions sont plus éloquentes que les mots prononcés. Parfois, les actes d'une personne parlent si fort qu'il est difficile d'entendre sa voix lorsqu'elle parle[39]. Ainsi, par leur comportement dans le monde, les non-chrétiens pourront pouvoir voir la vie et l'œuvre de Jésus-Christ dans le comportement du jeune chrétien. Ainsi, les jeunes comprendront qu'ils sont chrétiens et qu'en tant que tels, ils ne font pas ce qu'ils veulent, mais qu'ils accomplissent la volonté de Dieu à travers leur personne, c'est-à-dire qu'ils font ce qui est bon, agréable et parfait (Romains 12:2).

Mais ce désir de bien faire correspond parfaitement à la capacité des jeunes à se fixer un objectif dans la vie. Les personnes qui n'ont pas d'objectifs, pas de vision, traversent la

---

[38] BAKKE, *Op.cit.,* p. 28.
[39] D. KEESEE, *Op.cit.* p.45.

vie en laissant la peur et le chagrin régner à leur place. L'instabilité de nombreux jeunes est simplement la conséquence de leur manque de vision. Paul-Émile Victor déclare dans la préface du roman de Jack London, *Croc Blanc* : « Toute aventure commence par le rêve, sans rêve, sans imagination, l'aventure ne peut être que déception[40]». Pour sa part, Melvin Powers croit que « le pouvoir des rêveries qui inspirent et activent les facultés de réalisation est un facteur réel et efficace qui fait partie de la formule du succès[41]». Que les jeunes se fixent des objectifs clairs et précis. Qu'ils n'arrêtent pas de rêver, de voir grand, voire très grand, et d'aller de l'avant. Pour reprendre les mots de Lewis, « nous sommes comme des bicyclettes nous tenons debout tant que nous avançons[42]». Le but, une vision du monde donne le pouvoir de faire des changements en soi et de changer son environnement. Comme le dit Lionel Gendron, « l'homme a un rôle profondément humain à jouer dans la société. C'est un impératif pour lui de se créer

---

[40] J. LONDON, *Crock Blanc*, Paris: Gallimard, 2016, p. 12.
[41] M. POWERS, *Les secrets de la réussite par la pensée dynamique et positive*, Montréal : Édition québécoise, 1978, p. 48.
[42] *Ibid*. p. 46.

une situation afin d'assurer la vie et le bien-être de sa famille, lui apporter la paix et favoriser sa sécurité[43]».

A côté de la vision du monde les jeunes sont tenus aussi mettre un temps à part pour lire la Bible, le livre du succès et de la réussite. Dans le psaume 119, le verset 9 nous lisons : « *Comment le jeune homme rendra-t-il pur son sentier ? En se dirigeant d'après ta parole* ». Dans le même psaume, dans le verset 105, le psalmiste déclare : « *Ta parole est une lampe à mes pieds et une lumière sur mon sentier*». Dans son ouvrage *La Bible et son interprétation* Viertel Weldon avance: « La Bible est importante parce qu'elle donne la direction à la vie quotidienne des chrétiens. Elle est encore importante parce qu'elle offre un rédempteur au condamné, un consolateur a l'affligé[44]». En Josué 1 : 8 la Bible déclare : *Que ce livre de la loi ne s'éloigne point de ta bouche ; médite-le jour et nuit pour agir fidèlement selon tout ce qui y est écrit, car c'est alors que tu auras du succès dans tes entreprises, c'est alors que tu réussiras.* Pour répéter Darby : « Que la parole vous soit toujours plus chère dans ces derniers jours, et que l'esprit

---

[43] L. GENDRON, *L'adolescent veut savoir*, Québec : Ltée, 1965, p. 38.
[44] V., WELDON, *La Bible et son interprétation*, USA : Centre de Publication Baptiste, 1973, p. 13.

d'obéissance, mêlé avec de l'amour pour tout ce qui appartient à Christ, vous conduise[45]». Avant tout, les jeunes ont besoin de mener une vie de prière. Comme tout le monde, les jeunes ont besoin de prier. Ne serait-ce que pour des raisons psychologiques, l'être humain a besoin d'une personne avec laquelle il se sente en sécurité pour lui parler de certains soucis qui l'accablent. En effet, les jeunes peuvent profiter de ce temps de rencontre avec Dieu pour se vider l'estomac et lui confier leurs secrets les plus intimes. Ils n'ont pas avoir peur de se décharger sur Dieu. Ses oreilles sont toujours prêtes à écouter et ses mains à accueillir. Il y a des problèmes que seul Dieu peut résoudre, des questions auxquelles seul Dieu peut répondre, des restaurations que seul Dieu peut accomplir. Alors, dans leur désolation, dans leur confusion, face à leurs angoisses et à leurs doutes, les jeunes ont besoin de penser à se tourner vers Dieu. Il ne condamne pas, au contraire, il comprend et réoriente.

4. Une jeunesse non conformiste

Les jeunes d'aujourd'hui appartiennent à une génération très particulière. Il y a plusieurs raisons à cela : Un grand nombre d'entre eux ont traversé deux siècles : le 20e et le 21e siècle ; un

---

[45] N. DARBY, *Etudes sur la parole de Dieu*, Clarens : Bibles et littératures Chrétienne, 1960, p. 11.

grand nombre d'entre eux sont passés de l'ère du papier, de l'ère des cassettes audio, de Skype, de Messenger à WhatsApp et d'autres réseaux sociaux. Les nouvelles technologies les rapprochent du monde entier. Elles offrent à cette génération des sources et des ressources inépuisables de connaissances. Avec Google et d'autres moteurs de recherche, les plus grandes bibliothèques et les sites académiques les plus réputés sont à portée de main. Effectivement, cette génération est très privilégiée. C'est la génération du *clique*, du *like*, du *buzz*, du *hit* et du *live*.

Cette génération est également confrontée à de nombreux changements de paradigmes, qui laissent à penser que ce passage rapide de la modernité à la postmodernité n'est pas sans conséquences. A côté de tous les bienfaits de la technologie et de la mondialisation, cette jeunesse est aussi exposée à de nouvelles pensées politiques, philosophiques, scientifiques, éthiques et éducatives qui semblent la faire vibrer. Ces nouveaux modes de pensée bouleversent la vision du monde de chacun, les jeunes sont tentés par un libéralisme exacerbé qui leur impose de tout accepter, au détriment des valeurs existentielles fondamentales. Ainsi, on assiste à un mépris du corps en ce sens qu'il est devenu un lieu de publicité et de pornographie ambulante, comme en témoigne le mépris de la décence vestimentaire ; on assiste également à une promotion exagérée des contre-cultures : cupidité, banditisme, criminalité, homosexualité, transsexualité, avortement, corruption, nudisme, consommation de drogues, ... Elles sont considérées comme les nouvelles valeurs existentielles et les signes d'adaptation et d'intégration sociale.

La génération d'aujourd'hui est également exposée à toute une série de religiosités qui incitent les jeunes à quitter progressivement l'église pour se réfugier dans d'autres pratiques occultes et ésotériques. Tout le monde veut devenir un super-héros. Les loges maçonniques et rosicruciennes, les temples vaudous et autres sectes religieuses regorgent de jeunes initiés en quête de pouvoir. Il faut croire que la prophétie de Nietzsche se réalise aujourd'hui : Dieu est mort... oui, cette génération a tué Dieu dans sa pensée, elle l'assassine dans ses paroles, elle le supprime dans ses actes. L'homme veut prendre son indépendance vis-à-vis de Dieu [sans le savoir] pour être l'esclave des influenceurs, des célébrités ou de la mode.

Face à cette réalité, il y a deux attitudes à adopter : le conformisme et/ou le non-conformisme. Qu'est-ce que le conformisme ? Selon le dictionnaire La Toupie, « le conformisme est l'attitude passive de soumission aux idées, coutumes, comportements, règles morales et façons de parler communément admises par la majorité, le milieu ou le groupe auquel on appartient [...] Le conformisme est l'obéissance à la pression du groupe. [Le conformisme est l'obéissance à la pression du groupe ». Dans le conformisme, on se contente de consommer les idées et les modes de vie des plus bruyants, des promoteurs de décibels, des perturbateurs. On se perd dans la foule. On accepte sans se poser de questions. Malheureusement, nous devons être esclaves de la vulgarité, prisonniers des contre-cultures et ennemis du bien.

Comment le non-conformisme peut-il sauver cette génération ?

Pour Durkheim « le conformisme est l'orchestration des catégories de perception de l'espace social, le non–conformisme ou l'anti–conformisme se veut une rupture avec la stratégie de domination exercée par les principaux acteurs d'un milieu social, au nom d'un principe charismatique (l'héroïsme ou le sacré), une rupture avec cératines traditions populaire, et une rupture avec certaines rationalité dite légale[46]». Dans ce contexte, le non-conformisme est perçu comme une prise d'indépendance par rapport à la pensée dominante, à l'apparence d'une vie facile projetée par Hollywood, les influenceurs des réseaux sociaux et les coachs. Cette virtualité nous éloigne de la réalité et de la vérité, du bien, de l'agréable et du parfait.

L'avertissement de l'apôtre Paul est encore plus valable aujourd'hui Ne vous conformez pas au siècle présent, mais soyez transformés par le renouvellement de l'intelligence, afin que vous discerniez quelle est la volonté de Dieu, ce qui est bon, agréable et parfait **(Romains 12 :2)**. Dans ce passage célèbre de la Bible, le texte ne dit pas que tout est mauvais ou désagréable à notre époque. Il souligne simplement que beaucoup de choses sont en désaccord avec la volonté de Dieu. Il précise que la volonté de Dieu est ce qui est bon, agréable et parfait. Eric Fuchs donne des précisions intéressantes sur les éléments clés qui constituent l'aboutissement de la volonté de Dieu : « Le bon (*to agathon*) se réfère au niveau éthique proprement dit.

---

[46] J- PLUCHART « L'entreprise non–conformiste, une forme d'organisation pionnière », In : *Management Prospective* Ed. | « Management & Avenir » 2006/2 n° 8 | pages 39 à 59 ISSN 1768-5958 DOI 10.3917/mav.008.0039, p.41.

L'agréable (*to euareston*) se réfère à ce qui est approprié (à faire) pour être devant Dieu afin d'être approuvé. Le parfait (*to télèion*) décrit la situation du croyant, anticipant l'eschatologie et l'annonçant déjà par la qualité de sa vie présente[47]».

L'apôtre Paul place la volonté de Dieu (bon, agréable et "parfait) entre deux axes indissociables : la transformation et le renouvellement de l'esprit.

- La transformation

La transformation dérive de la formation. Du point de vue étymologique, la formation (formarer du latin) consiste à donner forme à l'être. En voulant se conformer au siècle présent, au fil des ans, on prend la forme de ceux que l'on suit, en se déformant soi-même. Pour revenir à la normale, une transformation s'impose. En effet, la transformation est le fait de transformer, de remodeler ou de changer de forme ou d'apparence. Dans le cas présent, la transformation consiste à rejeter ou à se débarrasser du néfaste, de l'atroce, du désagréable, du disgracieux, de l'épouvantable, de l'horrible

---

[47] É. FUCHS, *L'éthique chrétienne : Du nouveau Testament aux défis contemporains*, Genève : Labor et Fides, 2003, p.36

pour adopter le bon, l'agréable et le parfait. Comment y parvenir ? En renouvelant son intelligence...

-       Renouvellement de l'intelligence

L'intelligence désigne l'ensemble des capacités mentales et cognitives d'un individu qui lui permettent d'identifier et de résoudre un problème ou de s'adapter à un environnement. Ce conformisme aveugle au siècle présent crée une altération des capacités mentales et cognitives chez de nombreuses personnes. Le réservoir mental est mal alimenté et peu éclairé, ce qui conduit à des fausses pensées, des fausses résonances, des fausses paroles et des actions presque dépourvues de sens. Il faut donc renouveler en profondeur notre intelligence en changeant radicalement notre façon de penser.

En proverbe 23 le verset 7 nous lisons : *Car **il est** tel que sont **les pensées** dans son âme*. De manière littérale, le verset dit que nous sommes ce que nous pensons. Je ne sais pas si Descartes était un lecteur de la Bible, cependant, dans son *doute méthodique* il a repris la même idée exprimée en proverbes 23 :7 en ces termes : « Je pense donc, je suis ». Puisque nos actions et nos paroles sont conditionnées par nos pensées, puisque notre façon de penser est orientée par nos idoles (les artistes, les fous, les faux, les vides), nous nous éloignons de nous-même, nous perdons nos sens de logique et d'argumentation, le non-sens nous envahi et que nous sommes attirés par toute sorte de mal, nous menons une vie apparente et virtuelle.

Dans Proverbes 23, verset 7, nous lisons : « *Car **il est** tel que sont **les pensées** dans son âme* ». Littéralement, le verset dit que nous sommes ce que nous pensons. Et pour sa part, dans son son *Doute Méthodique*, Descartes a repris l'idée exprimée dans Proverbes 23:7 en proposant cette formule : « Je pense, donc je suis ». Puisque nos actes et nos paroles sont conditionnés par nos pensées, puisque notre mode de pensée est orienté par nos idoles, nous nous éloignons de nous-mêmes, nous perdons le sens de la logique et de l'argumentation, le non-sens nous envahit et nous sommes attirés par toutes sortes de maux, et la vie devient une vie apparente, virtuelle et utopique.

Jeunesse forte, résistante et vaillante - l'état dans lequel tu te trouves prouve que, dans bien des cas, tu as fait de mauvais choix : mauvais choix de modèles, mauvaises fréquentations, etc... qui corrompent la pensée... en ce sens, il est nécessaire de se retourner, de penser à renouveler cette faculté que Dieu a en toi, l'intelligence. Cette intelligence, à savoir la capacité de penser, de croire, de voir, d'analyser et de réfléchir, a besoin d'être renouvelée. Car les effets de la mondanité créent chez les jeunes une tendance à trouver le travail trop dur. N'oublions pas que la recherche de la facilité, le fait de vouloir tout avoir sans souffrir, de vouloir réussir sans travailler, nous enferme et nous enlève notre capacité de jugement.

La non-conformité au siècle présent, la transformation par le renouvellement de l'intelligence, devraient nous aider à nous retrouver nous-mêmes, à redevenir des amis de Dieu et des hommes de bien. Cette approche nous aide à redécouvrir la véritable vocation du corps (temple de l'Esprit Saint, manifestation de l'intelligence de Dieu, offrande agréable à Dieu), à redécouvrir et à redonner un sens à notre existence, à être utile à nous-mêmes et aux autres, à nous vêtir correctement, à nous servir de nos mains et de nos pieds pour travailler, de nos bouches pour dire de bonnes choses, de nos yeux pour mieux voir, de nos cœurs pour aimer et apprécier et de nos intelligences pour penser.

5. Responsabilité vis-à-vis des pairs (selon Genèse 4:8-10)

Cependant, Caïn adressa la parole à son frère Abel; mais, comme ils étaient dans les champs, Caïn se jeta sur son frère Abel, et le tua. 9. L'Eternel dit à Caïn: Où est ton frère Abel? Il répondit: Je ne sais pas; suis-je le gardien de mon frère? 10. Et Dieu dit: Qu'as-tu fait? La voix du sang de ton frère crie de la terre jusqu'à moi....

Suis-je le gardien de mon frère ? Lorsqu'on répond à une question par une question, cela implique que celui qui répond évite en quelque sorte de dire la vérité, en fuyant sa responsabilité. Quelle était la question posée ? Caïn, où est ton frère ? C'est la deuxième question directe que Dieu pose dans la Genèse. La première a été adressée à Adam après sa désobéissance : Adam, où es-tu ? Et maintenant, nous sommes confrontés à une autre question du même genre, de la même forme... Caïn, où est ton frère ? En définitive, ces deux questions montrent que la vie sur terre doit consister en une recherche de soi et de son prochain. La recherche de soi doit être liée à la recherche de l'autre. Adam, où es-tu, signifie que Dieu est continuellement à la recherche de l'homme et que le péché ne diminue pas son importance à ses yeux. C'est en effet un critère essentiel pour évaluer l'étendue de notre amour pour Dieu. « Celui qui n'aime pas son frère qu'il voit, comment peut-il aimer Dieu qu'il ne voit pas ? » 1 Jean 4:20-21.

Où es-tu ? Où est ton frère ? L'histoire de Caïn et Abel est la première scène de fraternité racontée dans la Bible ; de Caïn et Abel découlent les premières manifestations d'amour fraternel et familial. On peut imaginer la joie qui remplissait le cœur de ces enfants riches et heureux. Ils avaient le monde entier comme terrain de jeu, l'univers comme cour de récréation. Ils ne manquaient de rien. Le récit de Caïn et Abel est aussi le premier exemple de crime et de fratricide que le monde a connu. Cette criminalité et ce fratricide découlent de la non-acceptation de soi et du rejet de l'autre. Le rejet de l'autre constitue la voie d'accès au bal du crime, et la jalousie est le chemin qui mène au meurtre.

Aujourd'hui, je veux répondre à Caïn, oui je veux donner une réponse à la question de Caïn... Suis-je le gardien de mon frère ? Oui, Caïn, es-tu le gardien de ton frère ?

Qu'est-ce qu'un frère ?

Est frère celui qui est né des mêmes parents que la personne concernée, ou seulement du même père ou de la même mère. Étymologiquement, le terme frère vient du latin frater, qui part de considérations génétiques pour s'ouvrir à une forme de civilité. Ainsi, les hommes appartenant à certaines sociétés, confréries et communautés idéologiques, religieuses, philosophiques ou professionnelles sont également considérés comme des frères. Dans Abel, nous avons compris que le frère est à la fois génétique, sociologique, culturel et sentimental. Qui est ton frère ? C'est celui de ta maison, de ta chambre, du quartier, du collège, de la classe, de la ville, etc.

Caïn, tu es le gardien de ton frère... Le gardien assume au moins quatre grandes responsabilités : garder, surveiller, défendre et protéger. Qu'as-tu fait de ton frère Caïn ? As-tu gardé, surveillé, défendu ou protégé ? Quel est le prix de la vie de ton frère Caïn ? Oui, Caïn, tu es le gardien de ton frère... Mais au lieu de le garder... tu l'as abandonné, au lieu de le surveiller... tu l'as maltraité, au lieu de le défendre tu l'as livré à la mort, au lieu de le protéger, tu l'as abusé. Alors la vie de ton frère ne signifie rien pour toi, sa mort est comme une victoire à tes yeux...

Chacun a au moins une fois épousé la posture de Caïn... le frère qui ne conseille pas à son frangin quand il le voit sur la mauvaise voie, le jeune qui se réjouit de l'échec de l'autre, celui qui veut à tout prix que l'autre fasse l'expérience de ses erreurs... Celui qui dit et fait n'importe quoi en présence des autres sans se soucier d'eux, celui qui ne veut pas réprimander son ami sous prétexte de ne pas le perdre... En fuyant notre responsabilité de frères, nous avons produit des déviants, des psychopathes. Par l'irresponsabilité de Caïn, le sang d'Abel continue de couler. Et Dieu ne cesse de nous demander : Où est ton frère ?

Combien de kidnappeurs, de terroristes et de psychopathes continuons-nous à incuber par nos silences craintifs ? Combien de politiciens inconscients, malhonnêtes, corrompus et absurdes préparons-nous ? Le manque de vigilance, la passivité, la peur de prendre des risques pour le bien et la justice, l'incompétence sont un véritable terrain fertile pour la création de futurs fauteurs de troubles, de ravisseurs et de criminels.

Chacun doit assumer sa responsabilité à l'endroit de l'autre... Faisons en sorte que la famille ne soit pas une pépinière de Caïn... Efforçons-nous d'en faire un lieu où les valeurs sont respectées, un lieu où le travail bien fait est apprécié, et non un centre de chasse aux cerveaux. Travaillons pour que l'Église puisse contribuer à la reconstruction du pays : reconstruction mentale, reconstruction spirituelle, reconstruction scientifique, reconstruction politique et reconstruction socio-économique. Mais tous nos efforts seront vains si nous ne sommes pas conscients de nos responsabilités, à savoir celle d'être les gardiens de nos frères... oui, nous sommes les gardiens les uns des autres. Oui, chacun est le gardien de son frère.

CHAPITRE IV

JALON POUR UNE PASTORALE DES JEUNES

La pastorale des jeunes, que ce soit à l'église ou à la maison, doit avant tout être une approche théologique théocentrique. En d'autres termes, une démarche pastorale dont le point de départ conduit incontestablement au point d'arrivée : une théologie de Dieu à Dieu. Le théocentrisme théologique peut être une source d'inspiration profonde pour le développement personnel des jeunes gens, qui ont souvent peur de se lancer. L'enseignement et la pratique d'une telle théologie devraient être un moyen visant à canaliser le regard des jeunes vers Dieu, l'exemple parfait de la prise de risque. Il a créé le monde ex-nihilo. Contrairement à Dieu, les jeunes d'aujourd'hui ont tout à leur disposition, soit pour démarrer, soit pour avancer. Créer à partir de rien est possible, de nombreux entrepreneurs témoignent du fait qu'ils sont partis de rien[48].

---

[48] Sam Walton, le formidable homme d'affaires à l'origine de la chaîne de centres commerciaux Wal-Mart, a été à la tête de la plus grande fortune des États-Unis entre 1985 et 1988. C'est avec la modeste somme de 25 000 dollars qu'il a empruntée à son beau-père qu'il a ouvert son premier magasin, une affaire qui, quelques décennies plus tard, allait donner naissance à la plus grande chaîne de centres commerciaux du monde. Aujourd'hui, Wal-Mart réalise un chiffre d'affaires de près de 500 milliards de dollars, avec plus de

1. Une pastorale fondée sur une théologie du risque

Dans le souci de favoriser la prise en main de leur avenir et de les accompagner vers le développement personnel et l'émancipation, il est proposé ici un modèle de théologie qui pourrait s'appliquer à leur condition de vie de jeunes. Cette théologie se situe aux frontières de la foi et de la raison, de la théologie et de la science. J'appelle cette théologie la théologie du risque. De nombreux dictionnaires et encyclopédies présentent le risque comme un mot négatif, ce qui est regrettable. Pour éviter toute complication, la théologie du risque proposée dans ces pages trouve son orientation dans la définition du verbe « risquer ». Ainsi, risquer, c'est : «S'exposer ou être exposé à quelque chose qui constitue un risque ; tenter quelque chose qui comporte des risques ; tenter une chose douteuse ; introduire avec plus ou moins de force, de conviction une opinion, un mot, une question, un avis au risque d'être mal reçu ou mal compris ; se décider à entreprendre quelque chose malgré les conséquences désagréables que l'on envisage ; faire un pas en avant ». (CNRTL, 2024) Pour ainsi dire, la théologie du risque est une réflexion théologique qui engage la personne

---

11 000 supermarchés et magasins dans 27 pays. ((http://www.dynamique-mag.com).

humaine à se lancer dans le vide, avec conviction et persévérance, vers la réalisation de son bien-être, la réalisation de soi. La théologie du risque implique au moins deux choses : le travail et l'énergie.

La Bible, dans ses premières pages, offre de véritables enseignements sur l'origine et la valeur du travail. Sans travail, le monde serait informe et vide. A notre époque, nous sommes confrontés à toutes sortes d'informités et de vides. Le mandat de fertiliser, de multiplier et de remplir la terre (intellectuellement, spirituellement, économiquement) a été confié par la Bible à tous ceux qui partagent sa vision. Mais toute cette noble tâche doit être accomplie par le travail.

Qu'est-ce que le travail ? De quoi a-t-on besoin pour travailler ? En physique, le travail est le produit de la force et du déplacement, d'où la formule $T=FXD$. Qu'implique une telle formule ? Elle implique que toute personne disposant d'une force, d'une capacité énergétique, aussi petite soit-elle, et de la possibilité de se déplacer, peut travailler. En effet, cette force est en nous, nous avons cette mobilité sensorielle, alors que reste-t-il à faire pour produire cette quantité d'énergie ? La nature ayant horreur du vide, lorsque la force est dissociée du mouvement, c'est-à-dire lorsque la force n'est pas au service du progrès, le résultat de cette nouvelle équation est la paresse.

- Les paresseux ont au moins une qualité : ils ont le courage de ne rien faire. Sim
- Le paresseux appelle chance le succès du travailleur. Proverbe anglais
- La semaine du travailleur à sept jours, la semaine du paresseux a sept demains. Proverbe français
- Les désirs du paresseux le tuent parce que ses mains se refusent à l'action. Proverbes 21 :25 (Bible).
- Celui qui se relâche dans son travail est frère de celui qui détruit. Proverbes 18 :9 (Bible).

La théologie du risque encourage chacun à utiliser sa force et ses possibilités de mouvement pour prendre le risque de faire quelque chose d'utile et d'important. C'est ce que Dieu a recommandé à Gédéon : L'Éternel se tourna vers lui et lui dit : « Va avec la force que tu as... et délivre Israël... » (Juges 6 :14). Dans 1 Jean 2:14 l'apôtre dit : « Je vous ai écrit, jeunes gens, parce que vous êtes forts... ». La jeunesse est le symbole de la force et de la mobilité. Multiplions ces deux qualités dans notre quête de développement personnel et d'émancipation de la société.

Le deuxième aspect de la théologie du risque est l'énergie. Comme nous l'avons vu, le travail est le produit d'une quantité d'énergie. Bien sûr, en mathématiques, E=T. Mais cela ne veut pas dire que celui qui maîtrise l'énergie qu'il utilise est déjà considéré comme un travailleur. De même que Dieu a utilisé toute son énergie pour créer ce monde, c'est à nous aujourd'hui de poursuivre l'œuvre créatrice de Dieu.

Chers jeunes, votre famille, la société et le monde ont besoin de vous. Multipliez vos forces et vos capacités intellectuelles pour répondre à votre vocation d'êtres créés à l'image et à la ressemblance de Dieu. N'ayez pas peur d'aller de l'avant, n'ayez pas peur d'échouer, n'ayez pas peur de tomber, n'ayez pas peur de vous relever après une chute, n'ayez pas peur de prendre des risques.

Prenez le risque d'étudier, de travailler, car Dieu aime ceux qui prennent des risques. Permettez-moi de terminer par cette pensée risquée de Rudyard Kipling : « Rire, c'est risquer de paraître fou... Pleurer, c'est risquer de paraître sentimental...

Tendre la main, c'est risquer de s'engager... Montrer ses sentiments, c'est risquer de s'exposer... Faire connaître ses idées, ses rêves, c'est risquer d'être rejeté... Aimer, c'est risquer de ne pas être aimé en retour... Vivre c'est risquer de mourir... Espérer, c'est risquer de désespérer... Essayer, c'est risquer de faillir... Mais nous devons en prendre le risque! Le plus grand danger dans la vie est de ne pas risquer. Celui qui ne risque rien... ne fait rien... n'a rien... n'est rien! ».

2. Une pastorale incitant les jeunes à penser aux pensées de Dieu

Que signifie la pensée de Dieu ? Répondre à cette question, c'est d'abord faire une présentation ontologique de Dieu. En effet, penser la pensée de quelqu'un, c'est le connaître en partie. Cela soulève à nouveau d'autres questions : qui est Dieu ? Le Créateur du monde ? Est-il celui qui a le contrôle sur tout ? N'est-il pas celui qui se considère comme omniscient, omniprésent et omnipotent ? À toutes ces questions, la théologie chrétienne et la philosophie séculière répondraient par l'affirmative. En effet, c'est de ce Dieu qu'il s'agit, le créateur du monde, l'omniprésent, l'omnipotent et l'omniscient. Comment étudier, comment penser les pensées d'un être si puissant, si fort, si grand ? D'ailleurs, dans Jérémie 55, versets 8 et 9, Dieu dit de lui-même : « *Car mes pensées ne sont pas vos pensées, Et vos voies ne sont pas mes voies, ..., Autant les cieux sont élevés au-dessus de la terre, Autant mes voies sont élevées au-dessus de vos voies, Et mes pensées au-dessus de vos pensées*». Dans le psaume 139, il est relaté au verset 17eme ce qui suit : « *Que tes pensées, ô Dieu, me semblent impénétrables!* ». Cette même mention a déjà fait l'objet du 5ᵉ verset du psaume 92 : « *Que tes œuvres sont grandes, ô Eternel! Que tes pensées sont profondes!* » La déclaration de Job (11 : 7) est très catégorique en ce sens : « *Prétends-tu sonder les pensées de Dieu, Parvenir à la connaissance parfaite du Tout-Puissant?* » En écho à ces textes vétérotestamentaires, l'apôtre Paul s'exclama en ces termes : « *O profondeur de la richesse, de la sagesse et de la science de Dieu ! Que ses jugements sont insondables, et ses voies incompréhensibles !* » (Romain 11 :33). En ce sens, Soren Kierkegaard n'avait-il pas raison de croire que « La pensée de Dieu est donc aussi une pensée qui porte fondamentalement au paradoxe ?[49]» Et Philippe Touchet d'ajouter : « [la pensée de Dieu] c'est la seule pensée qui ne se

---

[49] P. Touchet, *Peut-on penser Dieu ?*, [En ligne], page consultée le 10 octobre 2017, Accès : http://lyc-sevres.ac-versailles.fr/dictionnaire/dic.religion.penser-dieuPhT.pdf, p.11.

résout dans d'autres pensées, qui ne se laisse pas enfermer dans un discours, qui est en même temps le discours de sa propre impossibilité. La pensée de Dieu, c'est l'épreuve pensée de l'incompréhensible excès de la pensée sur elle-même, de l'excédent même qui se pense lui-même comme irréductible à tout ce qu'on peut en penser[50]». A partir des approches bibliques et philosophiques, nous constatons que l'approche ontologique, c'est-à-dire l'étude de l'être de Dieu à travers sa pensée, ne pourrait pas nous aider dans notre quête pour saisir, voire penser, la pensée de Dieu. Par contre, cette approche nous a permis de comprendre au mieux l'être divin, c'est-à-dire un être puissant, grand, savant, sage et infini.

Dans le cadre de ce travail, je place la pensée au cœur de nos actions, en m'appuyant sur cette logique :

- La pensée est une parole non exprimée

- La parole est l'expression de la pensée

- L'action est la pensée ou la parole en mouvement

Ce raisonnement donne la possibilité de saisir une étincelle de la pensée de Dieu dans ses œuvres cosmiques et anthropologiques, à travers la création, théâtre de la gloire de Dieu, et l'homme, chef-d'œuvre de la création divine. La nature

---

[50] *Ibid.*, pp.11, 12.

prouve que Dieu est grand, saint, bon, puissant et intelligent. L'homme, créé à l'image et à la ressemblance de Dieu, hérite donc d'une partie de son infinie sagesse. La Bible nous dit que : « *Dieu créa l'homme à son image, il le créa à l'image de Dieu, il créa l'homme et la femme* » (Gen. 1 :27). Ce verset introduit ma deuxième préoccupation, c'est-à-dire, penser la pensée de Dieu en tant que vocation humaine.

Cela implique que nous avons été créés à la ressemblance de Dieu, pour être à son image. Lorsque nous cessons de penser la pensée de Dieu, nous nous éloignons de lui et cette distance nous donne une fausse impression de nous-mêmes. Lorsque l'image s'éloigne de l'objet, elle se développe au point de perdre sa forme, sa nature et sa véritable identité. En revanche, lorsqu'elle se rapproche de l'objet, elle diminue certes, mais retrouve sa vraie nature, sa vraie forme, sa vraie identité. A partir de cet effet d'optique, je propose un retour à la source, un retour à la pensée de Dieu, et donc un retour à soi. Comment revenir à la source ? Comment se rapprocher de Dieu ? Comment retrouver sa vraie nature ? La réponse est simple : penser la pensée de Dieu. Que signifie aujourd'hui penser la pensée de Dieu ? Tout d'abord, c'est discerner la volonté de Dieu. « [...] *Soyez transformés par le renouvellement de l'intelligence, afin que vous discerniez qu'elle est la volonté de Dieu : Ce qui est bon, agréable et parfait* » (Romain 12 :1). Penser la pensée de Dieu veut dire ensuite, penser ce que Dieu veut que nous pensions. Qu'est-ce que Dieu veut que je pense ? à cette question l'apôtre Paul répond : « *Au reste, frères, que tout ce qui est vrai, tout ce qui est honorable, tout ce qui est juste, tout ce qui est pur, tout ce qui est aimable, tout ce qui mérite l'approbation, ce qui est vertueux et digne de louange, soit l'objet de vos pensées* ».

Somme toute, en réponse à notre vocation humaine, vous et moi, nous sommes appelés à :

- Penser la vérité

- Penser l'honorabilité

- Penser la pureté

- Penser la perfection

- Penser la justice

- Penser l'amour

- Penser la vertu

- Penser la dignité

Que la paix de Dieu, qui surpasse toute intelligence, garde nos cœurs et nos pensées en Jésus-Christ.

3. Une pastorale qui encourage les jeunes à éteindre certaines lumières en eux

Le célèbre texte d'Isaïe 9,1-6 pourrait, à lui seul, résumer la mission de Jésus-Christ. En effet, il situe la naissance, la vie et le ministère du Christ entre un passé assez proche et un présent un peu éloigné. Ce passé expose les traits caractéristiques du monde avant la connaissance du Christ. Cette époque était, comme l'a dit le prophète, ténébreuse, belliqueuse, peureuse et instable. Ces ténèbres ont fait du monde un univers d'angoisse et de disgrâce. L'avenir présente une vision globale des bienfaits de la naissance de Jésus-Christ pour l'humanité.

En tant que personnes intelligentes, nous pouvons rapidement comprendre que seule la lumière peut chasser les ténèbres. Malheureusement, parfois, d'autres luminescences nous empêchent aussi de voir la lumière. Par exemple, deux camions qui se croisent avec leurs phares allumés peuvent provoquer un terrible accident. Pour voir claire et s'orienter, il est donc nécessaire d'éteindre certaines lumières.

De nos jours, il est étonnant de constater que la lumière du Christ, après plus de 2000 ans de rayonnement, ne peut toujours pas se laisser transpercer par certaines zones d'ombre, en raison des opacités causées par certaines soi-disant lumières ou par des lumières illusionnistes et hallucinatoires. Si la lumière du Christ est là pour nous faire voir la gloire de Dieu, ces soi-disant lumières ne sont là que pour nous empêcher d'approcher cette gloire. Pour agir selon la volonté de Dieu, je vous encourage à identifier certaines de ces lumières et à les faire disparaître.

La première lumière à éteindre est celle projetée par certaines fausses connaissances. Par fausse connaissance, il faut comprendre celle qui nous éloigne de la Connaissance, celle qui nous éloigne de l'Omniscient.

Le deuxième type de lumière à éteindre est la fausse lumière sentimentale. Par fausses lumières sentimentales, j'entends les lumières qui réduisent à néant toute capacité d'aimer : aimer les autres, aimer Dieu et s'aimer soi-même. Ces lumières nous éloignent de l'amour de Dieu.

Le troisième type de lumière que nous devons éteindre est la lumière théologique. Très souvent, notre théologie suscite un orgueil spirituel et religieux qui conduit parfois à un fanatisme religieux déroutant. Très souvent, les études théologiques créent un inquiétant libéralisme. Si notre lumière théologique nous empêche de voir Dieu comme l'Admirable, le Conseiller, le Dieu puissant, le Père éternel et le Prince de la paix, cette lumière doit être éteinte. Une mauvaise lumière théologique est celle qui constamment conduit à diaboliser l'autre et à voir la différence comme un danger.

Après cette déconstruction lumineuse, je vous invite à rattacher vos connaissances à la source lumineuse de la connaissance dans l'omniscience de Dieu, afin que l'on connaisse mieux Dieu et que l'on se connaisse mieux soi-même, afin que notre intelligence, notre connaissance, soit considérée comme un don divin et un témoignage de la sagesse de Dieu. Je vous encourage à associer vos sentiments à l'agapè divine, afin que l'on sache et que l'on soit capable d'aimer. Je vous invite à joindre votre théologie au divin *Parakletos* pour découvrir la place de l'Esprit Saint dans la quête de la connaissance de Dieu. Ainsi, nos angoisses et nos opprobres disparaîtront, et les ténèbres qui envahissent nos âmes se dissiperont. Notre oppression n'aura plus lieu d'être. Nous serons enfin libres, libres de jouir de tous les bienfaits physiques et spirituels de la grâce de Dieu en Jésus-Christ, la lumière du monde.

4. Une pastorale qui préconise la gestion de la création

Parfois, je me pose cette question : d'où est-ce que je viens ? Qui suis-je vraiment ? Quel est le sens de ma vie ? Grâce à une profonde introspection, j'ai réussi à me découvrir. Je vois que je ne suis pas le fruit du hasard. Je vois qu'il existe une puissance invisible qui a pris le temps de planifier ma venue au monde. Je vois que tout ce que je suis vient de cette puissance intelligente. Cependant, cette puissance intelligente n'était qu'un postulat intellectuel. Je ne savais pas qui c'était vraiment. Enfin, j'ai découvert cette toute-puissance à travers les premières pages de la Bible. C'est bien cela ! J'ai réalisé que j'étais une créature de Dieu. J'ai été surpris et heureux d'apprendre que je suis créé à l'image et à la ressemblance de Dieu. Ainsi, lorsque quelqu'un me voit, il voit un Dieu vivant et agissant.

Mon intelligence, mon savoir, mon savoir-faire, tout cela n'est que le reflet de la toute-puissance divine. Étant l'image et la créature de Dieu, je sais que rester dans la volonté de Dieu est indispensable à mon existence.

Ce vieux moi !

Créé à l'image de Dieu

Créé à la ressemblance de Dieu

Façonné par les mains aimantes de Dieu

Quel privilège, quel honneur ! Quelle expression de l'amour divin !!!!

Avant de découvrir que j'ai été créé par Dieu, j'avais aussi remarqué que Dieu avait peut-être créé d'autres êtres animés ou inanimés avant moi. Je ne suis donc pas la seule création de Dieu. Cela impliquerait que je ne suis pas seulement une co-créature, mais aussi un cohabitant de la création de Dieu. Ainsi, j'ai des frères et des sœurs. Le verset 25 du premier chapitre de la Genèse nous rappelle que Dieu a créé des animaux de toutes sortes, et le verset suivant me donne la responsabilité de les gérer. Très souvent, je suis méchant avec mes frères les animaux ; très régulièrement, je suis féroce avec ma sœur la nature. Au lieu de dominer et de gérer, je détruis et je déteste. J'ai à maintes reprises oublié qu'ils étaient nés avant moi, j'ai à maintes reprises oublié que leur chute entraîne la mienne, que leur destruction est aussi la mienne. Oui, j'ai souvent oublié que la nature, ma sœur, est la branche sur laquelle je suis assis.

Avant que je n'arrive sur terre, tout allait bien ! Je profite de ces lignes pour demander pardon à Dieu car je me suis si mal comporté avec les autres frères et sœurs de la création. Je demande à Dieu de ne pas entrer en jugement contre moi, car par ma faute la nature cesse d'être une manifestation de sa gloire.

Aujourd'hui, je veux prendre un engagement sincère et profond. Engagement qui consiste à redéfinir ma présence sur terre et ma mission par rapport à mes semblables et à la création de Dieu. Je veux cesser d'être un loup pour mon frère. Je veux que ma présence ne soit pas un symbole de peur et d'effroi. Je veux que mes actions fassent de l'univers et de la nature le théâtre de la gloire de Dieu.

En ma qualité d'être humain créé à l'image et à la ressemblance de Dieu... Je veux que mes actions témoignent de sa gloire, de sa grandeur, de sa bonté, de son intelligence et de sa sainteté. Je veux traiter les hommes, les femmes et les autres espèces du règne animal avec dignité et respect. Oui, je veux que le monde soit sans ambiguïté, et je veux que tout mon être - mes pensées, mes paroles, mes actes - témoigne du fait que je suis une créature de Dieu, que je suis l'image de Dieu ici et ailleurs, maintenant et pour toujours.

Conclusion

L'analyse de la situation des jeunes chrétiens dans la société révèle que les problèmes qu'ils rencontrent dépendent de leur vision du monde. Beaucoup restreignent la vie à l'instant présent. Leur vision du monde est limitée par la qualité des personnes qu'ils fréquentent et cela affecte leur estime de soi. Il est évident que le bonheur, le succès ou la réussite dans la vie dépendent en grande partie de la façon dont chacun perçoit la vie et se perçoit lui-même.

Malgré les mesures prises par l'Eglise, comme les sanctions et les prêches en chaire ; en dépit des efforts déployés par certains parents à travers l'exhortation, l'éloignement ou l'isolement, si la situation des jeunes reste en l'état, c'est que les méthodes appliquées pour les aider à s'en sortir ne sont pas efficaces. Compte tenu du rôle des jeunes dans le développement, la famille se doit de les accompagner vers une bonne éducation afin de garantir à la société un avenir heureux. Etant donné le rôle que les jeunes peuvent jouer dans l'annonce et le rayonnement de l'Evangile, l'Eglise pour sa part doit les aider à y trouver leur place, tout en leur fournissant un encadrement et une orientation adéquate.

Bibliographie

ANTOINE C., Duboys P. Lavigerie de, *Conférence de Puebla : Construire une civilisation dans l'amour*, Paris : Centurion, 1980.

AUGE P., *Larousse Universelle*, Paris : La Ronde, 1949.

BAKKE R., *Espoir pour la ville*, Québec : La Clairière, 1984.

BEAUSEJOUR W., *Manuel d'éducation Chrétienne*, Cap-Haitien : CBH, 1971.

BOUDON R., GAUTIER M., SAINT-SERNIN B., « CAUSALITÉ », *Encyclopædia Universalis* [en ligne], consulté le 3 février 2020. URL : http://www.universalis.fr/encyclopedie/causalite/

CAKPO H. H., « 20 secrets de réussite des entrepreneurs milliardaires partis de rien» », *H&C* [en ligne], consulté le 3 février 2020. URL : https://hcmagazines.com/20-secrets-de-reussite-des-entrepreneurs-milliardaires-partis-de-rien/

CHRISTENSON L., *La famille Chrétienne*. Chemin du Grand Muveran (Suisse) : Foi et Victoire, 1980.

CLAIN W. *Le disciple chrétien,* Paris : sé, sd.

COLEMAN R., *Évangéliser selon le Maitre*. Braine-L'Alleud : Éditeurs de littératures bibliques, 1982.

DARBY N., *Etudes sur la parole de Dieu*, Clarens : Bibles et littératures Chrétienne, 1960.

DAVID U, JONATHAN, I'LL « Vie Chrétienne Pratique », dans : *Parole par poste*, sd.

FUCHS É., *L'éthique chrétienne : Du nouveau Testament aux défis contemporains*, Genève : Labor et Fides, 2003.

GENDRON L., *L'adolescent veut savoir*, Québec : Ltée, 1965.

GERGEN K. J. *et al, Psychologie sociale*, Montréal : Étude vivantes, 1984.

GRAF J., *Problèmes de la Jeunesse du Mariage de la Famille*, Paris : Bible et Publication Chrétienne, 1990.

GUTHRIE D., *Nouveau commentaire biblique*, Saint-Légier-La Chiésaz : Emmaüs, 1978.

JOHANNOT H., *et al Chrétiens sept jours sur sept*, Paris : Le Phare, 1959.

KEESEE D., *Epitres pour évangélistes*, Vérité pour aujourd'hui, USA : Eddie Cloer, 1999.

NARRAMORE C. M., *Le culte familial*, Shawinigan-Sud (Canada) : Éditions Parfam/PBE, 1982.

LONDON J., *Crock Blanc*, Paris: Gallimard, 2016.

O'DONOVAN W., *Pour un christianisme Biblique en Afrique*, Abidjan : Centre de Publications Évangéliques, 1998.

PIERRE J. , *Pour une éducation chrétienne des jeunes*, Limbé, UCNH, 2000.

PLUCHART J-J « L'entreprise non–conformiste, une forme d'organisation pionnière », In : *Management Prospective Ed.* | « Management & Avenir » 2006/2 n° 8 | pages 39 à 59 ISSN 1768-5958 DOI 10.3917/mav.008.0039, p.41.

POWERS M., *Les secrets de la réussite par la pensée dynamique et* positive, Montréal : Édition québécoise, 1978.

QUOIST M., *Jésus-Christ m'a donné rendez-vous*, Geneve : Labor et Fides, 1990.

TIMBERLAKE L. & Reed M., *Né pour gagner : transformer vos rêves en réalité*, Québec : Ltée, 2001.

TOUCHET P., *Peut-on penser Dieu ?*, [En ligne], page consultée le 10 octobre 2017, Accès : http://lyc-sevres.ac-versailles.fr/dictionnaire/dic.religion.penser-dieuPhT.pdf.

U.J.C.H, *La jeunesse chrétienne face à certains problèmes*, Port-au-Prince, Sé, sd.

WELDON V., *La Bible et son interprétation*, USA : Centre de Publication Baptiste, 1973.

WESTPHAL A., *Dictionnaire Encyclopédique de la Bible*, Tome 1, Valence-sur-Rhône, 1956.

WYLER A., *L'éducateur chrétien*, Lausanne : Édition Universitaire de Lausanne, 1978.

Annexe : des textes poétique écrits par l'auteur

Hymne à la solidarité
Donne-moi ta main, prends la mienne,
Il y a peut-être quelqu'un qui souffre de notre désunion,
Prends ma main, donne-moi la tienne,
Il y a quelqu'un qui attend notre réconciliation.

Restez dans votre coin,
Gardez vos mains dans vos poches,
Mets tes bouchons d'oreille pour mieux te replier sur toi-même,
Reste comme ça et tu verras la fin de ce monde,
Continue à te replier sur toi-même et tu verras la fin.

Je m'ouvre à toi,
Je ne supporte pas ta distance,
Ouvre-moi enfin,
Je veux te parler,
Je veux te faire partager ma joie,
Je veux te faire part de mes peurs, de mes inquiétudes.

Quand je te salue, réponds-moi, s'il te plaît,
Je veux que nous soyons à nouveau amis,
Amis malgré nos différences,
Ami, malgré nos erreurs passées.

Je veux que tu saches que j'existe,
Je veux que ton existence soit une réalité à mes yeux,
Je veux connaître ton nom,
Je veux que tu m'appelles par mon nom,
Mon nom, la chose la plus chère que je possède.

Viens à moi, je viens à toi,

Toi et moi, nous allons changer le monde,
Toi et moi, nous aiderons les autres,
Les autres, c'est moi,
Les autres sont toi,
Alors soyons solidaires.

Hymne à la liberté
Je suis une personne car j'ai des droits
J'ai des droits parce que je suis une personne
Avec mes droits, j'exige le respect :
Respect de ma religion, de ma couleur, de mon éducation,
mon sexe, ma famille, ma nationalité.
Je suis un homme, je suis un être humain
Mon humanité me donne la possibilité de vous voir et de vous comprendre
Dans ta faiblesse, je te soutiens
Dans ta tristesse, je pleure
Dans ta joie, je ris.

Je suis une personne, je suis humain
Je te respecte parce que je me respecte moi-même
En toi, je me vois et je me connais
Car tu es un autre moi
Tu es moi, je suis toi
Par rapport à toi, ma liberté n'a qu'une seule limite :
Une seule :
Celle de t'empêcher de jouir de tes droits.

Supplication à 12 janvier
Le 12 janvier... Enseigne-nous !!!
Cher 12 janvier,
Tu es plus qu'une simple date

Tu deviens un enseignant, un prédicateur, un guide.
Malheureusement, tu parles et personne ne t'écoute !
Tu enseignes... tes élèves t'ignorent !
En t'écrivant, j'ai aussi tendance à oublier tes instructions.

Le 12 janvier...
Apprends-moi à savoir que ma vie est limitée par mes actions
pour ou contre l'environnement ;
Apprends-moi à voir mes voisins comme un autre moi : un frère,
une sœur, un ami.. ;
Apprends-moi à construire ma maison selon les normes
scientifiques, en accord avec les directives de ma municipalité ;
Apprends-moi à aimer ma ville, mon environnement.

Le 12 janvier...
Je sais que tu reviendras nous rendre visite pour voir si nous
avons pris tes recommandations au sérieux,
Je sais que tu reviendras avec beaucoup plus de force, beaucoup
plus de violence...
Si tu veux, fais-le moi savoir, fais-le savoir aux autres aussi.
Non, je plaisante !
Tu n'as pas à nous avertir si nous construisons mieux !
Pas besoin de nous prévenir, si nous savons nous comporter face
à ta force et à ton inhumanité, à ta brutalité.

Le 12 janvier...
Je sais que tu es en colère contre nous et tu as raison...
Tu nous as donné l'occasion de repenser la structure et
l'infrastructure de nos villes, de nos quartiers, de nos maisons,
mais rien n'a été fait.
Tu nous as donné l'occasion de repenser l'humanité, de repenser
la vie humaine et animale... mais hélas !

Le 12 janvier...
S'il te plaît, juste...
Prends ton temps, ne viens pas si vite.
Ne viens pas parce que nous ne sommes pas encore prêts
Ne viens plus, si tu veux !
Laisse-nous un peu de temps pour réapprendre à vivre, pour réapprendre à être des hommes, des femmes, des enfants, des jeunes, des adultes, des vieillards responsables...

Printed by Books on Demand GmbH, Norderstedt / Germany